全国小学生校园美文精品集萃丛书

七色阳光
小少年

咱班有个小胖子

《语文报》编写组 编

时代文艺出版社

图书在版编目（CIP）数据

咱班有个小胖子 /《语文报》编写组编. —长春：时代文艺出版社，2018.8（2023.6重印）
（"七色阳光小少年"全国小学生校园美文精品集萃丛书）

ISBN 978-7-5387-5837-5

Ⅰ.①咱… Ⅱ.①语… Ⅲ.①作文－小学－选集 Ⅳ.①H194.4

中国版本图书馆CIP数据核字（2018）第110025号

出品人　陈　琛
产品总监　郭力家
责任编辑　王金弋
装帧设计　孙　利
排版制作　隋淑凤

咱班有个小胖子

《语文报》编写组 编

出版发行 / 时代文艺出版社
地址 / 长春市福祉大路5788号　龙腾国际大厦A座15层　邮编 / 130118
总编办 / 0431-81629751　发行部 / 0431-81629758
官方微博 / weibo.com / tlapress
印刷 / 北京一鑫印务有限责任公司
开本 / 700mm×980mm　1 / 16　字数 / 153千字　印张 / 11
版次 / 2018年8月第1版　印次 / 2023年6月第5次印刷　定价 / 34.80元

目　录

成长是一首歌

有一种美丽叫等待

墙角数枝春

被风吹过的夏天

005

点亮那盏灯

　　点亮那盏灯，赶走黑暗的恐惧；点亮那盏灯，点燃心中的希望；点亮那盏灯，坚定心中的信念；点亮那盏灯，照亮前行的道路……

班里来了位新同学

车迎香

开学一个月左右，班里来了位新同学。男生，瘦瘦的，高高的，鼻梁高耸，双目炯炯有神。听说，他的家乡是遥远的东北。

班里来了新成员，同学们当然高兴异常。人多力量大嘛！同学们都希望这位新同学能够尽快融入班集体，尽快熟悉班里的一切，大家一起努力，共同创建优秀班集体。

希望归希望，现实归现实。说实在的，这位新同学起初的表现留给老师和同学们的印象大多是惊讶和失望。在这位新同学身上，分明有许多缺点——上课好说话，喜欢做小动作，经常开小差……

对于新同学的种种表现，同学们看在眼里，急在心里。令人最费解的是班主任老师却表现得异常冷静和大度。经常看到班主任老师和新同学在一起说笑，一起唠嗑。更令人费解的是，班主任老师还经常在晨读和班会时表扬这位新同学。说这位新同学的家乡多美啦，这位新同学见多识广啦，这位新同学喜欢助人为乐啦，如此等等。班会上，班主任老师还让这位新同学讲他们那里的风土人情，讲他的爸爸妈妈，讲他以前学校最好的同学、最喜欢的老师……

真佩服我们班主任的冷静、大度教育方法。因为我和同学们渐渐发现：新同学在朝班主任老师指出的方向努力，身上表现出班主任说的许多优点——热爱劳动、助人为乐等。同时，新同学身上的缺点在慢慢消失，上课说话的毛病基本没有了，小动作也少了，上课听讲变得专注了。

原来这都是班主任老师的缘故，同学们对新同学恨铁不成钢的担忧换成了赞许的眼光。在老师和同学们的赞美声里，新同学不断进步，我们也希望看到新同学有更多的可喜变化，真是令人期待啊。

放弃也是一种美丽

王成宇

高山之所以巍峨险峻，是因为它放弃了平坦。大海之所以波澜壮阔，是因为它放弃了宁静。

——题记

静谧的夜，窗外游丝般的雨勾起了我无端的思绪，我闭上眼，一缕熟悉的清香在微微潮湿的空气中荡漾。哦，栀子花又开了，刹那间，我的思绪回到了那个令我怦然心动的瞬间。

"我们班将派出萌萌和苗苗中的一名同学参加下个月的数学竞赛，选谁去参加要根据两个人接下来的几次考试情况做出决定。"

听到老师的话，我既兴奋，又紧张。兴奋的是因为苗苗的实力也很强，也一直都是我的竞争对手。

直至比赛前的第十天，老师把我叫到办公室，有点为难地说：

"最近你和苗苗的状态都很好，可是只能派一个人去参加比赛。萌萌，你已参加过多次这种大型比赛，而苗苗是第一次，所以老师想给她一个锻炼的机会……"没等老师说完，我已经明白了老师的意思，我抿一抿嘴，什么话也没有说。

放学回到家中，面对曾经在比赛中得到的一张张奖状，我的心仿佛被针刺痛了，眼泪夺眶而出。连续两天，我都闷闷不乐的，脸上写满委屈。连平时最爱吃的菜，吃起来也是那样的平淡无味。平常一下课就像小燕子的我，变得沉默起来，就连上课也无精打采。

瞬间的思绪，将我的记忆定格在普希金的一句话上："一切将会过去的，就让失去的成为亲切的怀念吧！"

我决心振作起来，帮助苗苗一起迎接比赛。下课后，我不再垂头丧气，而是与苗苗并肩讨论着难题。功夫不负有心人，在我们的共同努力下，苗苗夺得了那次比赛的一等奖。虽然心中还有一丝苦涩，但更多的还是苗苗与我共同分享的快乐。不觉中，我们也成了形影不离的学习伙伴。天道酬勤，小升初考试中，我们都以优异的成绩考取了自己理想的中学。

不能笑着拥有，但可以笑着放弃。生活中有许多可以放弃的事，但我绝不放弃执着，更不会放弃努力。让我们学会放弃不属于自己的吧，因为放弃也是一种美丽！

点亮那盏灯

徐　龙

"星星点灯，照亮我的家门，让迷失的孩子找到来时的路；星星点灯，照亮我的前程……"这熟悉的旋律在我耳畔响起，牵引我的思绪又回到从前。

母亲长年在上海建筑工地打工，每年春节才回家一次，那年暑期我也来到了上海。这座城市给我留下了深刻的印象：高楼大厦、五彩霓虹，还有驱散不去的炎热。

白天，火球一样的骄阳尽情释放它的热情和活力；入夜，虽然烈日早已西沉，但空中的繁星就像颗颗火种，依然延续着光和热。酷热难耐，我非常想找到一个凉快的去处！

推开活动房的门，一阵热浪迎面扑来，刚跨过门槛的脚，又怯生生地缩了回来。热，让我寻找一个凉快去处的愿望更强烈了。漫不经心地抬起头，不远处一丝微弱的灯光映入我的眼帘，它像星光，但不同于星光，我感受到它透着一丝凉意。我想，我找到了。

平日里看母亲上下塔吊轻松自如，感觉轻而易举，可当走到这个巨人脚下时，我才发现自己是多么幼稚。深呼吸，双手紧紧抓住通往塔吊顶部的梯子，双脚小心翼翼地一步一步往上挪，当爬到十米左右时，我感觉我的手心湿了，身上的肌肉不由自主地颤抖，忍不住往下面看去，顿时心跳加速，就像高速公路上疾驰的汽车，竟然还产生了一种跳下去的冲动，我绝望了……"孩子，看上面这盏灯，你能行的！"母亲的声音在我耳边响起，听到母亲的话，我紧张的心情稍微放松了一点。于是我双眼紧紧盯住塔吊顶部那盏灯——我心中的信念之灯，排除杂念，双脚一步一步坚实地向上爬去。不知过了多久，我终于登顶了，此刻，我感觉到了身上的湿度，也感受到了那份来之不易的凉爽。"我成功啦！"我激动的声音在夜空中回荡。

可能生活就是这样，取得成功需要的也许只是一盏灯的力量。

点亮那盏灯，赶走黑暗的恐惧；点亮那盏灯，点燃心中的希望；点亮那盏灯，坚定心中的信念；点亮那盏灯，照亮前行的道路……

暗 号

李 群

铃——教室外的钥匙碰撞的声音愈来愈近，顿时，同学们以最快的速度将桌上的小说、参考答案等纷纷藏入"安全地带"。因为，谁也不能料定来的是不是老师，总之以防万一。

等大家一切安排就绪后，人影一闪，溜进来的是班上头号"迟到专家"！

于是教室内一阵骚动。有的埋怨他来得太迟，害得大家虚惊一场，有的埋怨整天过这种"提心吊胆"的生活，有碍健康，于是班上的"智多星"想出一个万无一失的办法——暗号。

第二天中午时分，教室外又响起了清脆的钥匙声，这回，同学们凝神静候，果然，咳嗽三声，中间停两秒，又连续咳两下。

哈哈，这不是暗号吗？进来的果真是"自己人"。

如此一来，每逢中午，同学们便胆大包天，有的干脆将小说放在课桌上，甚至掏出明星照片，大肆炫耀，一副"目无法纪"的样子。

反正有暗号的撑腰，老师就算有天大的本事，也无法跨进教室抓人现行。

又是一天中午，钥匙声响起，三下在先，两下在后，中间相隔两秒钟。

"呵呵，兄弟莫惊，我敢打赌，来的准是那迟到专家。"班长一手捧着《笑话大王》，嘴里叼着根香肠，笑嘻嘻地打算质问那"专家"。

"今天怎么才来？"班长倚在门上挡着路，指手画脚地说着。但见人影一闪，进来了一个满脸铁青的中年人。

班长嘴里咬着香肠"啪"的一声掉在了地上……

转　身

洪　婕

在这日新月异的世界，一切的转身都成为发展的必经过程，也成为我们记忆中有味道的风景。

青青河边草，淡淡尘土香。幼时的天空是瓦蓝的，水是清澈的，空气是清新的。春天，潮水涨落，桥的两头像是一对微笑的眼睛；细雨如丝，桥上不时有人打着雨伞走过，那时，最爱和邻家的姐姐过家家，也爱和邻家的哥哥一起下水摸鱼，又或者一本正经地学着他们的样子读书写字，兴趣来的时候还会和妈妈一起到田野里，看妈妈劳作，我蹲在田埂上不亦乐乎地玩泥巴，也常痴迷于河岸边茂盛的芦苇，听河里扑腾的野鸭叫唤的声音。

转身，童年的碧墙黛瓦依旧。

稍微长大些的时候，我开始背着书包上学。作业由少到多，眼睛近视的度数也随之增加了起来。再也没有兴趣蹲在墙角玩泥巴，再也没有兴趣和邻家的姐姐过家家，有的只是不得不担负起的学习重任，一切都在不知不觉中发生了变化，天依旧蓝，却透着无数处灰白；水依旧绿，却是泛着浑浊绿色水体微生物的深绿。

转身，童年的美梦成为泡影，小桥流水的意境不再。

那时候，父母都还是青年，浑身有着使不完的力气。他们日出而作，日落而息，每天都在辛苦地挣钱养家。那时，父亲满头青丝；那时，母亲皮肤白皙，双手细腻。在历经我九年的求学之路后，再看看父母，皱纹已经爬上了他们的脸庞，每当看到父亲青丝中的根根白发，我总是难过；每当看到母亲长满老茧的双手，我总会心疼。

转身，年轻的父母亲，满头青丝已是白发如霜。

我们是幸福的一代：童年有无尽的欢笑，有绿水蓝天，有各种电子产品供我们享受；我们也是矛盾的一代：经济的发展破坏了童年梦境中的绿水蓝天，父母为了我们未尽的学业而过度操劳，这些都是一转身所发生的故事。记得有人曾经说过："这个世界总有机会给你华丽的转身。"

转身，只为变得更好，而倒退的转身，我们则应该警惕。

转身，记忆里的风景！

心动的时刻

张雨亭

　　从没想到，夏日的午后，教室里，会有这样一个清爽得令人心动的时刻。

　　清爽的风轻轻地飘。屋顶，一前一后两只悠悠的吊扇，缓缓地，缓缓地摇，一如白发苍苍的老者，长须飘飘，在夕阳下踱步。时间仿佛在这一刻停滞，画面定格为一部老电影里的经典镜头。在这里，所有的紧张、压力、疲惫蓦然卸却。

　　人来得已经不少，但难得的安静。多数趴在书桌上，意犹未尽地接续方才的午梦；个别几个勤学标兵，已经在预习下午的功课了，可他们翻书的声音，也是轻轻，轻轻。每一张稚气的脸上，不约而同地写着两个老成的大字：安详。

　　我蹑手蹑脚地走到位子上，轻轻扶正椅子，坐下来，眼睛便被前排一只卡通纸片吸引了去。赵洁，这个圆脸的文静女孩儿，正不厌其烦地拨拉着一只描了笑脸的卡通娃娃，摁下去，它又自己弹起来，摁下去，弹起来……弹起来的瞬间，我竟然看到"娃娃"身上写了三个铅笔字：史艳宇。侧目瞥去，我的同桌，那个叫史艳宇的女孩儿，也盯着她的好友会心地笑呢！要是在平时，她俩不为此滚作一团才怪！

　　豁了一颗门牙的于凯进来了，这个调皮大王，竟然也只是无声地笑着，悄没声儿地走到自己的位子上——真是难得。

大嗓门的婷妮儿进来了，一推门，显然被这意外的安静吓了一跳，吐了吐舌头扮个鬼脸，居然也没出声！

教室里不觉间已经坐满了人，空气渐渐燥热起来。而大家似乎约好了似的，谁也不忍打破这份宁静。

优美的乐曲响起来。是下午的预备铃声。四围也响起窸窸窣窣的声音。翻书声，喃喃声，桌椅和地面轻轻地摩擦声。讲台上，一只倒置的瓶盖里，斜插了几支小小的蓝色的向日葵形的花朵，静静地绽放着，是校园小径边最寻常的那种花，却分明散出淡雅的清香。

门无声地开了，扎了马尾辫的年轻的英语老师进来，挂着满脸的微笑。一个美好的下午掀起面纱走来了。

飞向远方的蒲公英

010

万明远

青山秀水之旁，有花田半亩。花田里长着一朵朵美丽的蒲公英。它们纤细的茎秆轻轻摇摆着，柔嫩的叶子微微舒展着。在这半亩花田，蒲公英们快乐地生活着。

每到春天，蒲公英便变成了白色绣球状的花，结了种子。她便是这其中的一粒。等种子们慢慢长大，蒲公英妈妈便为孩子们撑起小伞，让它们随风飘走。终于有一天风伯伯来了，蒲公英妈妈对小小的她说："快，孩子，快去吧，去寻找你的新天地吧。"她哭道："不，妈妈，我不要离开你，我要永远和你生活在一起。"任凭她怎样哭闹，蒲公英妈妈还是将她送上了风的列车。朦胧的泪眼中，妈妈的身影在她心里碎了满地。

离开了半亩花田，她随风漂泊到了北国的寒山之下，她便在这里落了根，发了芽。

干燥的寒风，龟裂的大地，离开了故园的她满载对妈妈的怨与大自然作起了斗争。每一次流泪，每一次受伤，都在她心里积累起对妈妈的不满和怨恨，她忘不了，是狠心的妈妈将她抛弃。渐渐地，她学会了怎样在干旱的土壤中积蓄水分，她学会了如何在风沙里保护自己，她一天天茁壮起来。终于，她也有了自己的孩子，她体会到了做母亲的快乐，她发誓无论如何也不会抛弃自己的孩子们。

又是风来的季节，她的孩子也到了生根发芽的年纪。她顽固地拒绝了风的好意，让孩子们也在北国的寒山之下，同自己生活在一起。她本以为自己一定是天下最称职的母亲，会把自己的孩子牢牢地抱在胸前，她甚至设想，让子子孙孙都生活在这里，这里也会有半亩花田。可是，风沙、干旱、寒冷，这一系列灾难性的打击，将它的幼嫩的孩子们连根拔起。是啊，从没经历过困难的蒲公英，又怎会在这寒山下茁壮成长？

011

在悲痛中，她明白了母亲的良苦用心，在适者生存的自然界中，弱小的蒲公英只有在风的季节里让子孙飘扬到四面八方，才有生存下来的可能，才能使整个种族生存和延续下去。原来，母亲的残忍、母亲的抛弃，都是母亲深沉的爱呀。这对于每一株蒲公英来说都是残忍的，有哪个母亲不牵挂自己的孩子呢？但母亲为了孩子的未来，依然选择了这种放手的爱。

又是风到的季节，她像当初母亲对待自己那样为孩子们撑起了小伞，将它们送上了风的列车，纵是孩子的眼在流泪，她的心在滴血，她也没有挽留。她在心底默默地说："我的孩子，我不知道你会在寒冷的北国生根，还是在温暖的南方发芽，我无法再像以前那样呵护你们，照顾你们，我知道你们怨我、恨我，但我宁可你们怨我一时，也不愿你们抱憾一世。孩子，我永远爱你们……"

一对母女在寒山下漫步。忽然，她们看到了蒲公英，孩子问道："妈妈，为什么蒲公英都飞了呢？""因为它们要带着爱飞向远方啊。"那株蒲公英听到了，是啊，孩子们，我对你们的爱是无法永远停留在你们身边的……

牵挂是爱，呵护是爱，放手亦是爱；

关心是爱，付出是爱，放手亦是爱；

奉献是爱，关注是爱，放手亦是爱……

雨蒙蒙，情深深

王丽娟

六月天，瞬息万变，刚才还是晴空万里，现在已是暴雨倾盆。

"丁零零——"放学的铃声响了。

"放学啦，放学啦。"同学们欢呼着冲出教室。

我也走出教室，可是雨还在下。

"这讨厌的天气。"我低声咒骂道，"明知道我没带伞，还下这么大的雨"。

我抬起头，看着暗黑的天空，有点不知所措。此时，走过来一个人，撑着蓝格子的小花伞。原来是我的"死对头"。

她慢慢地朝我走过来，嘴里冒出一句："你没有带伞吗？"

"关你什么事？没有伞，我一样能回家。"我对她充满敌意，一心只以为她是来嘲笑我的。

"我的伞借给你吧。"她边说边把伞递给我。

"不——稀——罕！"我不领情。

"拿着吧，衣服淋湿了会感冒的。"她硬是把伞塞到我手上。

"那——那——你该怎么办？"我支支吾吾。

"我没关系的，我免疫力是很强的，小雨对我根本就构不成威胁。"她一副很自信的样子。

"那……我们撑一把伞吧。"我几乎是恳求了。

在我的"恳求"下，她终于答应了和我共撑一把伞。

远远地，你可以看见一高一矮两个人在一把伞下，在风雨中，一步一步艰难地向前走。

雨又大了点儿，一阵风从后面刮过来。"抓住！"我们两个人用手抓紧伞柄，不让它被风刮跑。

"来，伞往你那边点儿。""你往这里站站。"我们两个人互相谦让，谁都不愿意多占一点儿地方，怕对方淋着。

但我们的衣服还是湿了。

"我到家了，谢谢你。"我站在家门口，感谢她，"不用谢，我走了，再见。"她笑吟吟地向我挥挥手，一头钻进雨里。

"再见！再见！"我挥着手，喃喃地说道，伫立在家门口，看着她的身影一点一点在雨中消失……

脸上有股奇怪的液体在流动，不知道是雨水还是泪水……门外冷风凄凄，心中却涌起阵阵暖流。我一直认为自己是一个孤独的人，但这次我真的感受到了同学之间的友爱深情。这一份美好的同学情，让我对生活一切充满憧憬和信心。它成为我心中的一瓶红酒，酿得越久，就越香醇。

谢谢你，我曾经的"死对头"！

享受田园的语文课堂

朱逸涵

每当七月的脚步伴随着蝉鸣踏响，这就意味着繁忙的一个学期已经过去。我，也迎来了自己的假期。

每当假期，人们忙着在网上种菜偷菜时，我已经在乡下帮着奶奶种植菜苗，收集鸡蛋了。当然，乡村的乐趣不仅于此，其与城市完全不同的生活方式更是充满了别样的韵味和诗意，是一个学校之外的语文课堂。

每天早晨，天边被太阳初升的光芒照亮，此时清爽的晨风夹杂着一抹野草的芬芳扑鼻而来，唤醒全身上下略带睡意的细胞。喝一口自家炒制的清茶，稍带点儿煳味的香甜，让人的身心疏朗开放，开始了一天的活力。坐在门前的椅子上看着远处那座被晨雾包围的不知名的小山，喝着茶，吟诵着陶渊明的诗句"采菊东篱下，悠然见南山"，由感而悟，深得其中精髓。

中午艳阳高照，大地被深深地灼伤。但是屋后那个被绿荫包围的水塘绝对是个消暑纳凉的好去处。撑起一根鱼竿，躺在草丛中看着鱼漂的一起一伏，惬意极了。闭目养神却不小心睡着了。一觉醒来，发现一只大飞虫落在鼻间，一掌挥去，受伤的却只有自己。突然想起了鱼竿，抬起一看，一条鱼上钩了。收起鱼竿，提上水桶，范仲淹的

"渔歌互答，此乐何极"浮现脑中，顿觉妙趣横生。

下午时收鸡蛋、打杂草是不可少的必修课。田间劳作的人们常把自家的瓜果相互赠送，这下大家都有了口福。

到了晚上，若有兴趣登山，你会发现山最美的景象只能留给那些有心人。山间夜景，不同寻常。没有暑热，没有喧闹，只有安静祥和的气氛。萤火虫的灯光闪动，为你铺就一条金光闪闪的林间小路。飞虫卷带着野花的香气和蝉儿的叫鸣声一同飞舞。登至半山驻足而观，远处的村庄明暗交杂，明者人家，暗者荷塘。闭紧双目，虫声包围中的就是一幅自然风光图，就是一首田园山水诗呀！

啊！多美的山村美景。这一派生意盎然、充满诗意的景象，就是一个校园外的语文课堂。

享受自信的语文课堂

余 斌

低着头走路，目光永远被脚尖禁锢，看到的都是黝黑的泥土。面对困难时，我们要坚定地仰起头，喊一声："我能行！"

这是进入第一堂语文课，老师教给我们的一番话，至今记忆犹新。

我们的语文老师中等个头，平常戴着眼镜，手里总是夹着语文书，样子十分普通。但就是这样一个平凡的人教给了我太多太多不平凡的认识。

开学的第一节语文课，我们都在议论语文老师会是什么样，心中不免激动起来。正在这时，教室的门被一只大手推开，他迈着坚定的步伐，走上讲台，放下手中的语文书，微笑地说："同学们，我就是你们的语文老师。今天我想让你们看看未来科学家的照片！""未来科学家的照片？"同学们更兴奋了，老师怎么知道未来的科学家？难道他能预知未来？我也觉得有些好奇。

老师似乎看出了我们的疑惑，变魔术似的拿出了一个箱子，说："照片就在箱子里面，现在一个一个上来看。"同学们更好奇了：为什么不一起看呢？

同学们便一个个上去看，看过的同学都微笑着，不说什么原因，我更好奇了。

在我的焦急等待下，终于轮到了我。上了讲台，我就迫不及待地把头往箱子里钻。这一下，我终于看清了未来科学家的照片——就是我自己啊！原来，箱子里根本没有什么照片，只是一面镜子。每个上去看的人，看到的都是自己的脸庞！我豁然开朗。

老师是想告诉我们：没有什么是不可能的，只要你努力。勤奋，可以使绊脚石变成你走向成功的铺路石。而自信，就是你勤奋的源泉！

面对未来，让我们的鼻尖学会呈四十五度角向上，对着未来，一起喊一句："我能行！"

享受神奇的语文课堂

唐　晏

　　或许你不曾见过"大江东去，浪淘尽"的澎湃，但你也许领略过"无边落木萧萧下"的悲壮。或许你不曾体会过"夕阳西下，断肠人在天涯"的无奈，但你一定感受过"临行密密缝，意恐迟迟归"的温情。或许你曾惊叹过"造化钟神秀，阴阳割昏晓"的瑰丽，也曾叹惋过"湖光潋滟晴方好，山色空蒙雨亦奇"的空灵……或许你一生也无法游历三千里山河，抑或在书本中一窥其貌。

　　"一花一世界，一叶一菩提。"其实，一本书、一堂课何尝不是一个世界呢？

　　我所见的世界中，分明有"琼壶歌月，长歌倚楼"的李白，有"青丝染霜，镜弯成彩"的李商隐，有"寂寞梧桐深院锁清秋"的李煜，有"系我一生心，负你千行泪"的柳永。"嫦娥应悔偷灵药，碧海青天夜夜心"引我们走向那清冷的月宫，看那婀娜女子独守广寒的凄凉。"停车坐爱枫林晚，霜叶红于二月花"引我们去感受那接天无穷的染火枫林，体会那浓郁的悲情、壮烈的豪情……

　　那一个个美丽的传说和感人的故事，或许你闻所未闻，或许你心驰神往，语文课堂却为你打开了那扇通往新世界的大门，在不知不觉中把你引入奇幻的境地，那散发着耀眼光芒的金钥匙，就是我们的语文课堂。

水落红莲，唯余碧罄；叶落孤城，花开满楼，我深爱这诗情画意，更爱这孕育出诗情画意的语文课堂！

享受感动的语文课堂

王 笑

还记得和朋友去香港时，在太平山顶看夜景，看华灯初上，看维港入画。黑绸似的海水就像躺在维港的怀抱里静静呼吸，静谧又邈远。（比喻、拟人，写夜景让人身临其境，深情款款。）后来归去时，朋友说道："如果把香港比喻成一只鸟，我就像看见了它翅上最美的一枚翎羽。"

这样美丽的文字，让我心弦颤动。

只有语文，能够用简简单单、黑白分明的线条构成的文字打动我的心。

从小学到初中，语文老师似乎永远是各科老师里脾气最好的一位。究竟是我的运气太好呢，还是语文老师皆是平日里受了文学艺术的熏陶，也变得儒雅起来？我不得而知。我只知道，语文课堂是不同的——它不仅仅在教我知识。

这感觉在初中愈发强烈。我仍旧记得学习《过零丁洋》时的感动。文天祥，我在很久以前就喜欢他动人的故事，他壮丽的一生。在语文课上随老师品读那些久远的文字，竟有了一种穿越时空的界限，触摸到一个古人的伟大抱负的感觉，觉得我在和他读同一首诗。他在被押赴刑场时，豪迈地吟出千古名句时，心中所想也同我一样吗？我几欲潸然泪下。

席慕蓉提到蒙古总会哭泣，乃是因为乡愁；我想要流泪，只是因为感动。

只有语文，能够让我如此感动。

语文课上总是比其他科目自由很多，大家你一言我一语，自由自在地品读一篇文章、一首诗、一首词，在学习中更多的是享受，是找到归处的快乐。也难怪大多数学生最喜欢语文老师。

我想起语文晨读时的琅琅读书声，想起从书香中寻得的快乐，想起《念奴娇》的沙场豪迈，想起《画山绣水》的宁静淡远，想起《岳阳楼记》的奇秀，就陶醉了。语文，带给我们无限的美妙。

是的，如果我是一根火把，那么语文就是点燃我的火柴，一根点燃我智慧与感情的火柴！

从那一刻开始

张美红

"你来到我身边，世界从此多了一份美丽"，不知从何处看到这样一句写朋友的话。我有点怀疑：这是不是在夸大其词？可是，从那一刻开始，我不再怀疑。

那是一周前。放学了，天公不作美，竟下起了雨，而且越来越大，织成了一片雨雾。我没带雨具，望着窗外的雨，只有唉声叹气的份，只能抱怨自己没有听父母大人的话未雨绸缪。哀怨着，心仿佛也被大雨淋湿了。"该死的雨。"我小声诅咒着。同学们大都撑着花花绿绿的雨伞三三两两地回家了。后来，没带伞的几个"难兄难弟"也慢慢地被父母接走了。

教室里空荡荡的。我很着急："爸爸妈妈都在上班，不可能来接我。我怎么办呢？"我在教室里走来走去。天色越来越暗，我的心也越来越凉。"什么朋友、同学，平日里说得比什么都好，真有困难时还不是一走了之。"我越来越烦，开始抱怨。

忽然，走廊里传来脚步声。我心一喜：莫非是爸爸妈妈下班了来接我？门开了，一个单薄的身子带着一股冷气进了教室。原来是他，我刚有些喜悦的心情一下子又变成了失望。我们是老朋友了，从小学起就一块儿学一块儿玩。但昨天我刚和他吵了一架，因为他作为学委丝毫不给老朋友面子，"铁面无私"地将未完成作业的我上报，让我挨了批。我一气之下，和他划地绝交。

"他又回来干什么？"我心里嘀咕着。他掠了掠额边的湿发，向我走来。

"给。"一把伞递到我面前。我没有动。

他拍了拍我的肩膀，眼里写满了真诚："还生我的气呢？都怪我，没给你面子。以后我一定把天大的面子给你。"

他把"天大的面子"读得很重，听起来很夸张。我忍不住笑了。一笑一切都过去了。

"笨蛋，你不会让我跟你去拿，你还多跑一趟。"我大声地向他嚷道。

"这才显出我的诚意嘛。"

"真是的。"

……

笑声在教室里回荡。他向我解释了将我上报的原因，说真正的朋友不应包庇对方的错误，应帮助对方进步。是啊，想想他过去对我的好，我就不免自责起来。寂寞时有他的陪伴，痛苦时有他的安慰，成功时有他的祝贺，失败时有他的鼓励。还记得我们一起读名人传记，谈到了自己的伟大理想。美丽的梦想在两只有力的手握在一起时碰撞，真挚的友情在相对的眼神中闪光。我们一起向梦想奔去……无数美好的画面在我脑海中重现。

路上，该分开了，我们向相反的方向走去。不知为何，我们都回头看了一眼。眼神交会的那一刻，我突然很庆幸拥有这份友谊，是他让我的生活变得美丽。

从那一刻开始，我不再怀疑友情的美丽；从那一刻开始，我带着一份欣赏的眼光去看世界。

无言的父爱

王会川

朴实如黄土地般的父亲，平日里沉默寡言，记忆中似乎从来没有听到他说过"我爱你"之类的话。但我却丝毫不曾怀疑，我一直都是被深沉的父爱浓浓包围的孩子。

那一年岁末，家家户户都张罗着要杀年猪了。当时山里人的日子不太富裕，平时难得见荤，只有在春节，才能美美地吃上肉食。从冬天眼巴巴地看着自家养的猪一天天肥大起来，我就一直掐着指头盘算着杀猪的日期了。谁知就在我们望眼欲穿地等待着吃上香喷喷的猪肉时，父亲却突然变了卦，说是今年手头太紧，要把家里的猪卖了弄点钱花。当我得知这一消息时，难过得几乎掉下泪来。天快黑了，杀了猪的人家升起了袅袅炊烟，风中飘过来诱人的香味。我实在不甘心，就约了哥哥悄悄地把村里的那口杀猪大缸抬来放在我家的大门外。第二天一大早，我偷偷躲在暗处，只见大门一开，父亲一眼就看到了那口大缸，平日里喜怒不现于色的脸上竟不由自主地抖动起来，大概被什么东西深深刺痛了，两只布满岁月沧桑的眼眶里缓缓涌出了晶莹的泪水。不用问，一切全都明白了，父亲最终咬了咬牙，声音洪亮地大喊起来："烧开水，杀猪——啰！"当天晚上，全家人欢聚一堂，吃着色泽鲜润、味道鲜美无比的肉菜。我和哥哥大口吸溜着，吃得满嘴流油，兴奋极了。父亲不停地往我们的碗里夹肉，他自己却很少动口，满是爱怜的目光长久地盯在孩子们身上，显得轻松而又满足，似乎比他自己吃还要舒贴。

接下来的几天，父亲起早贪黑，不停地赶着扎制笤帚，好赶在春节前卖个好价钱。那时家乡有个风俗，孩子们都要提着灯笼在除夕夜里走街串巷游逛。同伴大牛早就提着他的灯笼炫耀，我羡慕得要命。但现在父亲忙得不可开交，他能丢下手里的活儿为我做玩具吗？平日里他忙活时我要缠他玩，他总是板起面孔大喊："闪开哪，大人忙着呢。"可那灯笼的吸引力实在太大了，我就小心翼翼地试探道："爸，您能给我扎个灯笼吗？"父亲一听，温和地笑了，痛快地满口应承下来。我还有些不放心："您哪来的时间呢？"父亲神秘地眨了眨眼，这你就别管了。那几个晚上，我醒来时，总能看到父亲在昏暗的灯光下，耐心地扎着灯笼。他做得那么细致，那么认真，似乎在完成一项什么重大的使命。有一次，朦胧中感到有人替我盖好被子。睁眼一看，是父亲，平时那只温暖的大手在夜里却冻得冰凉冰凉！大年夜里，我提着灯笼和伙伴们玩，他们全都争着要和我换提一回，都夸我的灯笼最好看。那种幸福的感觉，一直溢满在我的心中。

哦，父亲，亲爱的父亲，在你貌似严厉、冷峻的外表之下，竟藏着一颗滚烫的爱心！不需要华丽的语言表白，不需要娇柔的行动张扬，您对儿子的真情从来都是那么朴素，又那么动人……

枫叶红了

成　想

秋天来了，棉花宝宝调皮地吹着白色的泡泡糖，玉米爷爷悠闲地捋着长长的胡须，高粱姐姐害羞地低垂着沉甸甸的头……

秋天来了，枫叶也全变红了。高高的枫树，亭亭玉立在屋后，染红了一个又一个美丽的秋天。

"姐，快来看，我捡了一片又大又红的枫叶！"妹妹兴奋的叫声打断了我的解题思路。看看墙上的表，才知道自己已在书桌前学习了两个小时，怪不得大脑这么迷糊。得了，不学了，出去清醒清醒。

循声来到屋后，只见妹妹手拿一片枫叶，正高兴得手舞足蹈。她的小脸被枫叶映得竟比枫叶还红。见到我，她笑得更欢了，她赶忙跑到我身边，炫耀似的高高举起手中的枫叶。

"姐，你不是喜欢枫叶书签吗，送给你。"

"不用不用，我自己再找一片就行。"我的头摇得像拨浪鼓，我知道妹妹也很喜欢，她每年都会特意寻几片又大又红又完整的枫叶，在上面画上画，作为礼物送给小伙伴。曾有一次，我不小心弄碎了她的枫叶画，她还大哭了一场呢。

一阵风吹过，枫叶便漫天飞舞，有的落在房顶上，有的落在角落里，有的随风飞出庭院，飘向远方。而我呢？是不是也像这枫叶一样飘忽不定呢？刚刚松懈下来的神经，又紧张起来，随之而来的是满腹的惆怅。

"姐，我又捡了几片好看的枫叶。"妹妹欣喜地说，"你看它们像不像我们的手啊？"

我小心翼翼地拿起一片叶子放在掌心。真的，枫叶的形状真像伸开的手掌一样，每一个"指头"上都有一根叶脉，直直的，还有点突出。这些骨架般的叶脉让我一下子改变了对枫叶的看法：原来外表如此柔弱的枫叶，内心竟如此坚强。在它生存的短短的时间里，它从没停止过对梦想的追求。经历了无数次的风雨之后，它最终迎来了绚丽如火的秋天，而这如绚烂的颜色，正是它与风雨顽强斗争的见证啊。只要努力了，奋斗了，就已经获得了成功，又何必苦苦追寻永恒呢？

024

飘悠悠，飘悠悠，枫叶依然在盘旋着，降落着。它不留恋枝头，也不忧虑命运，就那么快乐地飞舞着。此刻，我也仿佛化作了一片火红的枫叶，在天地间飞翔，飞翔……

生命是多么美好

金梦佳

淡淡的阳光透过云层，碎碎的洒在那面古老的墙上，满墙的斑驳，更显示出那一片爬山虎的青翠。阳光很好，温暖了爬山虎，也温暖了我。

我不知道对面墙上的爬山虎是何时长出来的。那日回家，对面墙上就已泛出点点新绿，一下子跳入我的眼帘，让我的心充满一种喜悦感。以后，我每一次回家，都会发现爬山虎又往高处爬了一些，一点一点地向上，永不停止，"再过几个星期，它们就能爬满整面墙了吧？"我常常这样想，也这样期待。

老师说，爬山虎是很有毅力的植物，它总是在坚持不懈地攀登，努力地超越自我。以前，我总是不太相信，但自从亲自见证了爬山虎的成长，我不得不对它们肃然起敬。

的确，爬山虎平凡，普通，它不如牡丹国色天香，不比兰花香气怡人，不像玫瑰娇艳欲滴，它只有一片绿色，但是，它从未放弃自己的理想，它总是努力地向上，努力地攀登顶峰。我相信，当它站在最高点，俯视群花，它一定会自豪，它毫不逊色！

爬山虎很坚强，寒风雨雪都不能把它怎样。它用自己小小的触手，牢牢地抓住每一寸墙面，慢慢地向最顶端攀登，一厘米或是一毫米也是一种进步。那我们又有什么理由轻言放弃呢？生命是多么美好啊！连小小的爬山虎也能靠着惊人的毅力攀上成功的顶峰，努力诠释生命的美好。所以，我们更应该向爬山虎学习，努力地完善自己，尽情地用青春这支笔描绘我们的幸福明天，我们的美好生命！

淡淡的阳光已经有了葡萄紫色，渐渐向西边隐去。夕阳投射在墙上，将爬山虎镀成金色，那么美丽。我注视着满墙的爬山虎，晚风吹动这绿色的波浪发出轻微的响声，似爬山虎在低声絮语：生命是多么美好！

点亮那盏灯

散开了忧愁

盛圆圆

周六下了场雨，柔柔的，夜晚的空气涂上了一层清新。

吃过晚饭，便和妈妈出去，散散步，感受雨后的清新。

沿着马路踱到对面，任凭路灯把影子拉得无限长，目光越过灌木丛，便可以窥见百沥河河水在月光星影下闪出丝丝清辉。已接近十月下旬，两边的桃树、茶树、早已褪了浓妆，在月光灯光的映照中，闪着油绿的光。

走过坡型小道，便是"左手芳华，右手倒影"了。垂柳依旧在风中呢喃，风轻扬起发梢，左手边是绒绒草毯，郁郁灌丛，绿得心旷神怡，真是"草林如织"。而右手边是百沥河的淡淡凉意，对面的阑珊灯火，将它染成了一条绫罗，浑然天成般嵌在这儿，轻轻一望，自己的倒影清晰可见，连衣服也被河水上了一层淡绿。

河水一路向东，泛起了一波波的粼光，如同碎珠玉瑙，闪闪发光。

走累了，迈入木制的凉亭小憩，一身疲惫烦愁早不知漂往何处，托着腮看翠竹森森，轻吟小令，不知名的昆虫，在寻不到的角落唱和。灰蓝的天幕，汩汩河水，人在其中，又怎能不添一分释然？

隐隐听见还有二胡声，正是《茂陵秋》，不知不觉中，又行了一

程，不宽的道路上，残存着浅浅水洼，踏过去，踩碎了那一丛星光。

伸一个大大的懒腰，把手伸得老高，十指并拢又张开，感受那夜风习习，从指尖跑过，从心头跑过。

已经走到浮桥了，大有"小桥流水"的意味，鱼儿们隐匿在水中，带着轻微的鱼泡吐纳声，更衬得四周寂静如斯。

下桥，踏上回程的路，回首，意犹未尽地透过夹竹桃，望见那满河清辉。

散步，散开了忧愁，步入惬意，何乐不为？

那些花儿

费佳璐

关于故乡我有很多的回忆。从小在那里长大的我，对它有一份难以言说的感情。来到城市后，每每在夜晚想起故乡的那些人，那些事，那些花儿，心中总有一丝感动。

从家出发，穿过一间小木屋，直走便会有一块很大的油菜地。我和小伙伴们经常会结伴去那里玩耍。春天，迎着暖暖的风，伴着清脆的鸟叫声，踏着轻快的步子，我们向油菜地进军了。大家哼着刚学的儿歌："走，走，走走走，我们小手拉小手，走，走，走走走，一起去郊游！"别提多开心了。

虽说油菜花没有牡丹花的华美，但在阳光下，花儿昂着头儿，自信地绽放出美丽的微笑，给人一种别具一格的美。或许它们不是最优秀的,但他们是最自信的。我们几个小伙伴总是在油菜地里玩捉迷藏。也许是因为那花儿绽放得太过灿烂,本身就好看的颜色在阳光的照耀下,显得更加夺目。因此,渐渐的,捉迷藏演变成了追逐战,我们在油菜花的世界奔跑着,不停地奔跑着,头发和裙摆也在不知疲倦的奔跑中,随着风儿跳起舞来……菜地里传来一阵阵欢声笑语。

每当再次走进那片油菜地时,花总是在生生不息地延续着,一朵朵花儿在阳光下绽放出最灿烂的笑脸。哦,童年真好。

掬起一束月光

——读《林清玄散文精选》有感

章卓艳

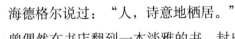

海德格尔说过:"人,诗意地栖居。"

曾偶然在书店翻到一本淡雅的书,封皮很简单,仅仅只有两个墨绿色的字:清欢。素素的青,没有一点渲染,我的心仿佛一下子被洗濯了一般,不自觉地翻开那页纸,然后这白纸上的铅字便吸引了我。这是一本《林清玄散文精选》,我很快沉浸在了林清玄的诗意世界里,不禁暗暗佩服他,如此细腻的心,细细地描画着生活。看到那一篇篇散发着墨香的文章,心中仿佛有甘泉涌过。

曾固执地以为,喝酒是不好的事,喝酒的人也定不是温文尔雅之人,可我在书中却看到了一篇《温一壶月光下酒》。霎时疑惑,月光难道也能下酒吗？看到后来才知道，原来那月光是回忆的酒，是诗词的酒，当然也是醇酒。当年太白斗酒诗百篇，今日林清玄以月光代酒，只怕是，三杯还未到就酒不醉人人自醉了吧！

温一壶月光，这是谁能做出来的呢，繁华的都市，旖旎的灯火早就覆灭了那份闲情逸致。陶潜的"采菊东篱下，悠然见南山"何处去了？王维的"竹喧归浣女，莲动下渔舟"何处去了？庄公梦里的蝴蝶何处去了？独自走在街上，人流川涌，车水马龙，现实的生活节奏太快，似乎一切都程式化了。人群渐去，月出皎兮。原来，月亮还是很清澈的，一改白天喧闹的情景，月光把褶皱的心抚平，这里恬静而又和平，实在让人感到岁月安好。

拥有一颗敏感的心去感知大地吧，感知月光，感知人生。林清玄尝试着煮雪，以月光下酒，以枫叶为食，我们何尝不能在世俗之外寻找一方心灵的净土，醉卧十里桃林，青梅煮酒呢？

在月光中感受林清玄的诗意，在诗意中品味生活。

梦里寻花多少重

李 湘

当浅色的阳光洗净了尘世的琐碎，浣纱游女泼墨了烟水江南，摇曳的绿荷踏碎了吞吐的江影；当秋风仓促地凋谢了叶叶梧桐，滴滴思乡泪氤氲了塞外的寒烟，纷繁残景勾勒了断鸿声里故人。短短六年时光，转眼只剩下了五载。仿佛是在梦里，跋涉过春夏秋冬。

如果把小学低年级的生活比作初阳下含苞待放的花儿，那么现在便是笨拙的花苞经过经年的积蓄和汲取，稚嫩地迎来盛开之时。而我们，便是一个又一个迷茫的寻"花"者。

1

我相信，满树的花朵，只源于冰雪中的一粒种子。

——席慕蓉《我的信仰》

纪伯伦说：信仰是心中的绿洲，思想的骆驼队是永远走不到的。

歌德说：理想会有反复，信仰坚定不移。

我终于在无数哲人的信仰中顿悟，缺少信仰的人生是一个巨大的悲剧，一个人没有值得相信的东西是非常可悲的，于是我就在时光的堆积中，有了自己的信仰。

我的信仰是一句诗，唐朝大诗人李白《行路难》里的名句："长风破浪会有时，直挂云帆济沧海。"这句诗是一位小学老师给我的毕业赠言，所以一直牢记于心。日日夜夜的思考中，沉淀出最美的精髓，变成了我坚定不移的信仰。

正是因为我懂得，并且相信，以前我尝试了很多的事情。其中有一次竞选班长。记得是小学二三年级吧，一时兴起竞选了班长，却没有选上，之后我就一直担任学习委员。现在我的骨子里遇强则强的性格爆发了出来，勇敢地冲上讲台发表了竞选宣言并且成功当选。这可能是我有了信仰后收获的第一个大果子。之前在学习这方面我从没下过苦功，绝不在书桌前静坐两小时以上，而如今书包里的书却越来越多，我开始真正地变成一个爱学习的好学生。我的信仰很坚决地反驳了"干吗这么努力"的想法，从此"不努力"三个字变成了谬论。

——因为我想早点儿看到我直挂云帆骄傲地乘风破浪的样子。

2

　　生命真正要送给我们的礼物，是一种开始，还是一种结束呢？

——席慕蓉

　　也许是长大了，也许是略懂了一些世间无形的规则。

　　生命。第一次思考这么哲学的问题。生活从不会像童话，"王子救出了公主，从此他们幸福地生活在了一起"，连小说里，每个人都要进行生老病死的轮回。《哈利·波特与凤凰社》里，小天狼星为救哈利，身中堂姐的魔咒，倒在了幕帘后方；《镜·神寂》里，海皇苏摩不顾一切地操控七海之水拯救空桑，最终化为灰烬……即使身边没有人老去、死亡，我一样尝到了人世的悲喜。

　　记得看过一个图片，是一棵小嫩芽，从石缝下面坚韧地钻了出来。有时候，生活真是一本百科全书。我从这张图片领悟到的，竟比之前所有所有加起来还要多。《哈利·波特与死之圣器》里，即使死了无数个战士，哈利还是用最简单的咒语打败了伏地魔；《镜·神寂》里，空桑和冰族的战斗最终以空桑胜利结束，六部冥灵恢复肉身，而真岚皇太子也饶恕了冰族余孽……

　　生命给我们带来的，既是开始，也是结束。新的一切开始于结束之后。绝美的凤凰能笑着涅槃重生，人亦可如此。不管是重重坎坷还是一帆风顺，不管是风雨泥泞还是阳光明媚，这些都是生命的馈赠。用心去接受，用心去尝试。相信生命，一定会是一场奇妙的旅行。

031

点亮那盏灯

可爱的五花海

倪千惠

一片晶莹清澈的水，接近岸边那蓝得讨人喜欢的水，映出青葱的山与树木的影子，这是一个降临人间沉睡于山边的天使，这就是九寨沟的五花海。

五花海的水实在可爱，叫人不忍去碰，害怕碰碎了这个天上仙女的梳妆镜。临近岸边的水蓝得像倒置的天空，水底的白沙子，小石子的纹路清晰可见。这可爱的水又如一块刚洗净的蓝宝石，让望见水的人心中一片清凉，心旷神怡。

五花海的水蓝得可爱，创造它的仙女似乎流连于这儿的美丽，便送给了五花海一条五彩斑斓的彩带。瞧那稍远一些的水，像融进了些水彩一样，一道白，一道紫，有的混着石子如丝带般蜿蜒水中。远远看去，水底像盛开着小朵小朵的五颜六色的花，又像是一条花色长龙静卧在水中。

环绕着五花海的山像一道翠色的边，把那颗蓝宝石紧紧镶嵌在里面。那小山不高，但连绵弯曲，这小山的影子倒映在水中，再加上阳光洒过的盈盈波光，风儿吹过，小山竟动了起来，多像绿色的柔软的丝绸啊，与可爱的湖水相互映衬，构成一幅美丽的画卷。

五花海边游人如织，有的驻足，流连美景。心呀，早就被这可爱

的山水打动了，脑海中深深印着五花海的蓝，五花海的可爱。这一幅画卷，真是画到了游人心里呀。

李鹏飞，我错了

肖 宇

微风习习，秋意浓浓。全校师生聚集在学校操场上，聆听许汉文教授的演讲《感恩，我们在行动》。许教授声情并茂的演讲，吸引了每一位同学，全场静悄悄的。当许教授讲到一个小女孩儿撕心裂肺地呼喊昏倒在路边的母亲时，我竟听到前面传来了轻轻的抽泣声，抬头一看，竟然是李鹏飞。我用胳膊碰了一下旁边的同学，指着李鹏飞轻蔑地说："你看他，像小女生，眼泪还在乱飞……"旁边的同学不解地说："你真是没有同情心，难道你不知道他两岁时母亲就去世了？""什么！"同学的一句话令我猛然惊醒，让我的心如坠五里云雾，往日的一幕幕又浮现在我的眼前……

李鹏飞，瘦小的个子，黝黑的皮肤，小巧的嘴巴像放机关枪，枯枝似的双手总爱东敲敲、西揪揪，似乎患有多动症，我看他就是不顺眼。有一天，我想教训他一番，我、张心一、肖裴涛、斯成龙这"四大天王"一拍即合。

那是一个令我后悔的决定，一回想起那个晚自习后的事件，我就羞愧不已。那次下晚自习后，我们决定偷袭李鹏飞，我们藏在李鹏飞回家的途中，静静地等待他的到来。不一会儿，他蹦蹦跳跳地来了，嘴里还哼着小调。我一声暗示，"四大天王"如虎出山，一拥而上，像捆绑犯人一样制服了他。"求求你们放了我吧……"他拼命地挣扎。我们毫不理会，架着他推推搡搡，不知是谁手一滑，让这小机灵小子一下就跑了。我大呼一声："捉住他！"我们穷追不舍，没想到他一下子绊倒了，像病猫一样瘫倒在地上，喘着粗气。"看他可怜，饶他一条小命吧！"不知是谁喊了一句，我们高傲地扬长而去，只留下他孤零零地躺在地上，显得那么无助和绝望。

往日的一幕幕如针扎在我心头。什么时候，我的良心迷失了？在这特殊的日子，我透过晶莹的泪花，读懂他美丽的心灵。

事后，我勇敢地迎上去，真诚地对李鹏飞说："我错了，我不应该欺负你的，请你原谅我吧。"李鹏飞却说："那都是闹着玩儿的，没事儿！"

我们的手握在了一起……

034

有趣的游戏

江雨芩

"哎哟，你踩到我了！""你背着我！""哈哈……"教室里传来了欢快的笑声，我们正在玩一个有趣的游戏——同舟共济。

"狂风在大海上呼啸，海浪一阵比一阵猛烈，激起的水花溅到了船上，'轰'的一声，一个巨雷打来，桅杆被点着了，接着，大火弥漫到了甲板上，一个巨浪打来，船尾漏了，水柱直往船上涌，水与火交织在一起。"肖老师正在宣布比赛规则，"大船即将毁于一旦，当时只有一条小船（报纸），你们必须让尽可能多的人上船。如果船翻（报纸破）了，就算输。在五分钟内上船人数最多的一组为赢。现在，游戏开始。"

"哇！太爽了。""刺激！""听起来就好玩！"同学们个个都拍手叫好。瞧！他们有的摩拳擦掌，有的高兴得不停地跳跃，一副跃跃欲试的样子。

首先是男队上场，他们个个骄傲自满，满不在乎，并指着我们女生，说我们死定了。老师拿出一张报纸对折后放在地板上，男生们一拥而上，争着上"船"。几位男生好不容易上了船，又被挤了下来，场面混乱极了。朱子涵在一旁冲我们挤眉弄眼，陈梓林追着杨文俊满教室跑……

"安静！"一声怒吼，所有的男生都张大了嘴，转头望去，原来是船长孙伟昂，他严肃地望着每一位男生。同学们见他那样，都忍不住笑了起来。孙伟昂一本正经地说："我们得想一个好办法，让更多的人站上去。"孙伟昂皱着眉头凝神细思，眉心间挤成了个"川"字。突然，他眼睛一亮，干咳了一声，一把抱起瘦小的陈梓林率先上船，并对其余的男生喊道："都别愣着，快！一人抱一个，争取上八个人。时间快到了，速度！"

男生立即行动起来，背的背，抱的抱，笑的，闹的，叫的，喊的……场面更加不堪。终于，所有的男生都摇摇晃晃地挤上了"船"，眼看就要成功了，谁知，当肖老师倒计时数到三时，"嘶——"的一声，"船"破了。

"哈哈——"我们女生一个个笑得东倒西歪，连肖老师也忍不住大笑起来，开心得直拍桌子。

轮到女生上场了。我们吸取了男生失败的教训，在船长刘梦圆的安排下，开始井然有序地上"船"。刘梦圆先安排我、李梦铃、王博艺、何子琰四人分别站在"船"的四只角上，紧紧地抱成一团，接着，她和另两位个子较小的女生小心翼翼地爬到我们的背上。不好，"船"开始摇晃起来，我们连忙紧紧地互相抱住，总算稳住了阵脚。"五——四——三——二——一！"在肖老师的倒计时中，我们终于赢得了最后的胜利。教室里充满了快活的空气。

看来，玩同舟共济的游戏，既需要一定的技巧，更需要沉着、冷静的判断和团结协作的精神。如果真的有一天遇到了上述游戏中的危急情境，我们要临危不惧，冷静地审时度势，思考良策，与大家同舟共济，才能共渡难关。

遗失的花香

任雨晨

下午和父亲一起散步，路过一个花园。

一朵娇艳的野花吸引了我的视线，它立在一片红色的月季中，白色花瓣轻轻敛着，隐隐约约露出点黄色的花蕊，有一种娇弱的美，想要忍不住呵护的感觉。

花园里的环卫工人正在除草，她一把就拔下了那朵野花，连带着野草。虽然知道除草是必需的，但是看见它就这么被粗鲁地拔起，突然有种不甘的感觉。

此时，我问爸爸为什么要这样。爸爸说道："种花如果不除草的话，花是会死的。再好看的野花也是野花啊，不拔的话，月季就会死的。"

"为什么不种那种野花呢？"我很不高兴地说。

爸爸轻轻说道："那种野花要怎么种？"

"就让它自己长就好啊。"我很不理解爸爸，他为什么不懂我的想法。

我是有些埋怨环卫工人和爸爸的，我不懂为什么要如此毫不留情地除去如此娇美的一个生命。

爸爸见我不理解，回家后，就立刻拿出了花盆，里面放好了土。我不知道他要做什么，也没太在意。第二天放学回来，我见爸爸昨晚拿出的花盆里放了一株月季。转过身，爸爸神秘地对我说："让你看看不拔的后果。"

不拔又能怎样。我抱着看好戏的态度看接下来发生的事情。时间一天一天过去，在爸爸的精心照顾下，月季越长越好，但是在它的旁边，开始出现了我那天见到的美丽花朵。我万分惊喜，然后开始每天都关心那朵花，它也是越长越高。但是没过几天，月季则慢慢枯萎下去，花香也一天一天淡下去。

这个结局让我很是惊讶，此时爸爸告诉我："野花的生存能力很强，它会和月季争抢养料，月季没有养料，就会枯萎。"

这让我的心情很不好，我一直以来信奉的信条被打破，我想不通，为什么如此美的事物，就不能同时存在呢，我只是想保护美的东西而已。

人的思想也许就是这样，一旦自己长时间深信不疑的信条被突然打破，被人告知你一直以来信奉的都是错的，难免会有一种接受不了的感觉，本能地会反驳说："你骗人的吧。"就是这样。

这次，我意识到，要树立正确的信条，一旦信奉的是错误的，后果可就截然相反了。

　　所以，我们要坚守一个正确的信条，凡事保持原则，尽量不因为自己的情绪而下结论，不能还在自己对它模棱两可的时候急忙做出判断。做到平静对待每件事。

成长是一首歌

　　成长是一首歌，或婉转悠扬，或高亢激昂；或喑哑低沉，或尖厉刺耳。每个人的成长之歌都是不同的，不同的经历构成了不同的成长，不同的音符组成了不同的歌。

成长是一首歌

任雨晨

成长是一首歌，或婉转悠扬，或高亢激昂；或喑哑低沉，或尖厉刺耳。每个人的成长之歌都是不同的，不同的经历构成了不同的成长，不同的音符组成了不同的歌。

我喜欢文学。因为，它们是一个人内心真实情感的流露。无论是散文、记叙文、议论文、演讲稿……都有它们独特的美，都有一种迥然不同的美。如果能自由驾驭其中的任何一种，都已经是一种很了不起的本事了。

我觉得，既然是自己要写东西，就写自己最想写，最喜欢的东西。没有必要去逼着自己写不想写的。只有用真情实感写出来的文章，才能称得上是文学。

文学其实就像你的心一样，你不能骗它，它就像一面镜子，不是用真实情感写出来的文字，一定是冰冷生硬的；只有用真感情写出来的文字，才能感染每一个人，让别人看了你的文章后，有一种温暖的感觉。

比如说鲁迅、高尔基。鲁迅先生的文章，既文艺又真实，比如说是回忆童年时的文章，读着就有一种稚嫩天真的感觉，是真真正正像个孩子的想法。高尔基先生的《童年》让我印象十分深刻，明明是像铅一般沉重的往事，却能用一种孩子般的感觉叙述出来，也增添了一抹亮光的感觉。这都是他们用真感情写出的文章，所以才能成为经久不衰的经典。

文学像大海一样深，值得用一生去研究、去探索它，为它奉献。它的魅力是无与伦比的，热爱它的人就会觉得它非常美丽。

不过我愿意去试着热爱它，试着让它成为我生命中的一部分，一个非常深刻、非常深刻的部分。我希望它可以在我的生命中，我的成长道路中，留下深深的印记，永远不会消灭的印记。

我希望如此。

冬　　魂

李卫析

今年的冬天比以往要暖和，雪自然下得极少。好在刚刚回暖的冬天，一瞬间又被苍白的寂寥吞噬了，依然是让人感觉压抑的惨白日光，均匀而淡寡地涂抹在蓝天之上。起初以为是要下雨，可没过一会儿，天空中却飘起了纷纷扬扬的雪花。

放学回家坐在公交车上，我坐在大窗户边，伸出手指划一下，便会有一道清晰的痕迹。沿着手指，会有大颗大颗的水珠顺着胳膊弄湿袖口。窗外的雪不停地下，枝丫上落满了积雪，从树下走过的人还要小心突然会掉下的大雪块。周围的人在车里诅咒着外面的天气。我此刻的心却显得格外安静，车窗外纷扬飘洒的雪花，如满天飞舞的精灵，亦如蓦然坠落的残花，连同我静默的无绪的青春心事，落在尘世之中，落在我的心里。

入夜，雪还在下。只觉得原来凭空落陷下去的世界，又被这场大雪迅速填充进去。冰雪覆盖两极，慢慢从临界点向内扩散。这一极是昼，那一极必定是夜，昼夜在分秒之中交换着长短，也许上一秒还是风雪交加的夜晚，下一秒就成了晴阳高照的朗空。虽然都是心如冰雪，虽然都是凤舞清霜，但它们必定交错而过，带着各自一半的美丽。就如白昼不知夜空的美丽；夏天不知冬天的韵味；雨露不知晶雪的孤单。

太阳知道，月亮知道，我不知道。相守在两极的世界，或许在同一时间，同一地点，下起了同一场大雪。坚持着这没有希望的守望。在教学楼的二楼望着干净的没有一片浮云的天空。木质护栏在后面隐隐闪耀着冰冷。似乎有透明的雪从宇宙的核心，纷扬而下，穿透我的眼睛，我的身体，汇入到地核深处。

别样的乐趣

——游新加坡动物园

刘双亚

"完美！今天就要去新加坡动物园，乐得我昨晚没睡好！"同来新加坡的廷哥说着，满脸向往，手舞足蹈。

"哼！"同窗天翊不屑地冷笑道，"我倒要看看他们的动物园好在哪里。"五十三人的旅游车上热闹非凡。我不开口，但想的跟天翊一样，动物园，全天下还不都一样？

突然，一个巨大丛林出现在面前，原来车已到了动物园。

众人下车，看到一座拱形的假山。哦，这就是入口。不怎么恢宏呀，怎会举世闻名？我带着疑惑随大家走进这动物王国。

"好爽！"一人大叫。确实如此，这里的烈日被浓密的树叶挡住，凉风如水，拂面而来。导游告知，已到了鹦鹉园。

"啊——"一位女生尖叫，大家随声而视，哇！一只蓝嘴黄毛红尾的鹦鹉停在她肩上。女生缩起脖颈，长长地吸了口气，用手拍着胸脯作惊恐无奈状："讨厌！"没料那鹦鹉扇了两下翅膀不急不慢地学舌："讨厌。""哈哈！"顿时，笑声弥漫成一片。

大家顺着幽径走向狒狒园。一路上有的是各种猴子与鸟儿。最逗人的数猴子，时不时地给人惊奇。

突然，眼前闪过一道黑影，只听得同伴杜康一声哀鸣。众人忙看，原来是一只黄毛大猴跳到了他背后的书包上，正对着他的后颈呵气。杜康赶紧用手去抓，没想到那猴动作比他还迅疾，只见它扔下一个青黄色团团，纵身一荡，便落到了另一人的书包上。哎呀，那团团原来是猴屎！"啊！"大家向那小淘气扑去。那淘气鬼得意地在众人间穿梭跳跃，动作无比潇洒，还不时挤眉弄眼，发出阵阵欢呼，似乎在说："好玩，好玩！和你们玩真开心！"好家伙！莫非是花果山上下来的悟空徒孙。这一来，大家愈发想拿住它开心。于是，里三层外三层把它团团围住。哈哈，看你怎么逃？正准备手到擒来，但一眨眼居然连根猴毛都不见了。奇怪！正纳闷时，头顶传来几声嬉笑。好小子！竟转移到了树上，在荡秋千呢！

哈哈，实在有趣！众人"斗"不过一毛猴。

于是，大伙儿转向海豚表演处。本以为天下海豚一个样，无非就是顶个球而已，没想到这里的海豚也别有情趣。不说这水中骄子的纵身接球，也不说它的飞身接盘，单是它与观众的一次次拥抱接吻，就让我们笑翻了。

回程车上，同伴们脸上无不洋溢着满足。是的，在新加坡动物园里，人们享受到了与自然和谐相处的别样乐趣。

流浪狗的成长

虞吟雪

044

1

它仰着头，吃力地看着"妈妈"。

"妈妈"手持扫把，围着围裙，双眉锁得紧紧的，奔向它……

要不是那个扫把，它会像往常一样扑到"妈妈"的怀里，叼着"爸爸"的那双大拖鞋到处跑。

扫把狠狠地落在身上，它后脚一阵阵疼痛。透过朦胧的双眼，眼前的"妈妈"有些陌生。在她的呵斥下，它拖着腿，和这个家的记忆，向别处走去。

没有怀抱，没有暖炉，没有棉被的冬天，它不曾经历过。饥饿和寒冷随着夜晚的来临一起袭来。妈妈曾经说过，不可以吃垃圾桶里的东西，可是它顾不上这么多了，一头钻进杂乱的垃圾桶里。一阵阵恶臭几次让它想逃离。

新倒下来的垃圾，砸了它的腿。旧伤新伤一起让它更加痛苦。它轻轻地舔舔伤口，继续寻找今天的晚餐。

它找到了一些骨头，真是庆幸。

这时，来了一群男孩子。他们用崭新的鞋踢它，就像是踢一个旧皮球。它从这个脚下滚到那个脚下。那个脚下爬到这个脚下，一个踉跄，摔在了墙角的阴影里。男孩子们找不到它，闹哄哄地散开了。

它蜷在角落里，望着眼前的车水马龙，默默地说："谁能给我一个家？"

它的名字叫贝贝，是只可怜的流浪狗。

2

流浪狗成灾已经成为一个社会关注的问题。

我也曾养过狗，它的可爱从未让我有过"抛弃"的念头。我想不明白，有的人怎么会忍心抛弃一个脆弱的生命，轻易丢弃了自己的责任。

3

一个月后……

它坚强地活了下来。

当它路过一幢废弃的教堂时，隐约听见同类的叫声。它狠命地敲打着沉重的大门："谁呀？"

是人的声音！

它停止了敲打。

"咿呀——"门缓缓地开了，是个女孩儿。"呀！好可爱的小狗。"

女孩儿想伸手抱它，它却躲开了。一个月来，它四处流浪，想人们肯定已经不喜欢它了。女孩儿再次抱它。它惊惶地看着女孩儿真诚的眼眸，看到了久违的善良。

"可爱的小狗，欢迎你来到流浪狗之家。"女孩儿说。它一转头，看见教堂里各种各样的流浪狗在玩耍，有的还在吃着美味的饭菜。它从女孩儿的怀里跳下来，融入到了这久违的幸福当中。

<h2 style="text-align:center">4</h2>

如今，大家都纷纷为流浪狗安置温暖的家。

我也尽自己微小的力量去帮助流浪狗。是的，我们应该承担保护动物的责任，与动物和谐相处，一起成长。正是这样的责任，带给我们不一样的快乐，让我们在承担中快乐成长吧。

外公是个老顽童

李 静

谁说九十岁的老人就非得躺在医院的病床上，插着维持生命的呼吸器，等待死神的降临呢？谁说九十岁的老人就非得是眼神空洞，个人卫生不好，等着别人伺候呢？谁说九十岁的老人缺乏行动能力，非得一整天坐在电视机前，让辐射慢慢地啃食脑细胞呢？才不呢！我九十岁的外公绝对能推翻那些无稽之谈。

我的外公头脑清晰，对年轻时的生活记忆深刻。有一次他对我提起他年轻时是个搬运工人，别人一次只能搬一袋的货物他能够搬两袋，说完他还卷起袖子炫耀他手臂上依然有弹性的大块肌肉。

外公的思考逻辑甚至比一般年轻人都好，每一次和他玩跳棋我肯定会输，不管我怎么反复推敲，甚至耍诈找妈妈当我的军师，两个脑袋还是赢不过一个九十岁人的脑袋。不只是跳棋，甚至连象棋外公也无人能敌，每一盘象棋的结尾一定是他那如钟般的"将军"获胜。

外公的体力就像个健壮的中年人。每天清晨背个竹篓到后山去巡视他的小菜园，到了收成季节，就背个几十公斤的蔬果下山，再用快递寄到每个子女家中，让我们分享他浓浓却不曾说出口的爱。下午，他就到另一座山头的寺庙晃晃，和庙里的僧人聊聊天，或是到外婆的墓前默默地坐着。这一天的来来回回，少说也有十几公里，他的交通工具除了一辆老旧的自行车外就是那双脚。

外公是个老顽童。他总是喜欢做些出其不意的事让我们吓一大跳或是不知所措。有时他会像个小男生一样朝我们扔塑料蟑螂，看到我们大声尖叫后伴随的一定是他的哈哈大笑。外公是个乡下人，受过私塾教育，所以每次说话时总是混杂着浓浓的俚语腔和文言文，我往往都听不懂，所以小时候很害怕他，但是长大以后就不会了，我开始学着与他聊天，聊聊我不熟悉的民国初年。没想到他找到了另一个捉弄我的方法。每次和他说话时，他老人家说得又急又快，然后一脸兴味地看我努力理解，当我请他再说一遍时，他又说得含糊不清。每次看到我困扰的表情，他都会发出爽朗的笑声。

什么是老？什么是青春呢？ 有人白发苍苍，脸上却散发着向日葵一般的朝气；有人年轻力壮，却像在浓雾中的夕阳一样毫无生气。我的外公，实际年龄九十岁，外表七十岁，健康状况四十岁，心智年龄十八岁。他的"乐活人生"造就了他的不老青春。

父亲的"烟事儿"

谢文旭

我还记得，自己小的时候最喜欢做的事，莫过于"奉父亲之命"去小店买香烟了，因为从中可以捞到糖果钱。所以当我兜着烟盒蹦回来时，嘴里总是塞得满满的。

那时买的烟价格不高，比"红塔山"稍便宜点。有时我也耐心等父亲点燃一根，悠闲地坐下，深深地吸一口，然后嘴里吐出一个、两个、三个……的圈圈。在旁的我好奇地数着，为他一次又一次地"破纪录"而欢呼雀跃。

孩提时代的我，对父亲最深的印象，除了逗我乐时的笑颜、惩罚我时的怒目之外，大概就是一圈圈懒懒上升的白色烟圈了。

然而，我一天天长大，却发现帮父亲买烟的机会越来越少了。和那时的一包包买相比，如今他总是一条条地批。当我问到父亲时，他说："这年头赚点钱实在不容易，一条条地批烟还能省点车票费呢！"

生活的压力开始在父亲的额上眼下留下了深深的痕迹，我看他点烟吸烟时，时常是半皱着眉头的。曾经好几次听到母亲这么说："你呀你，少抽几支了，看牙齿都发黄发黑了。"但是男人的习惯在父亲身上终究也没有丝毫改变的迹象，唯一改变的是香烟的价格。

又过了几年，我上了初中。父亲卖了店铺，回农村老家翻了新房，花掉了大部分积蓄。父亲从此更加辛劳地工作，我也只能节假日在家，差点遗忘了父亲的"烟事"。

直到有一天，我在父亲卧室里找东西时，摸到柜台的最后一层抽屉深处，似乎有两个方方的东西，猛地抽出一看，竟是两条不曾见到过的烟。顿时自己一阵强烈的鼻酸：这可是两块多一包的劣质烟啊！父亲啊，父亲……为何要把烟藏在这样的地方？为何不想让儿子看到？父亲啊，父亲……

我读初中累的不是我，而是父亲和父亲的烟。

一次在街上打公共电话，电话机下的玻璃柜里是一包包齐排着的香烟。我想，什么时候，要给父亲带上这里最贵的烟……

温馨一家

金淑媛

我有一个普通而又温馨的家。

我的爸爸是才高八斗、学富五车、上知天文、下晓地理的"诸葛亮"。你是不是觉得我说得夸张了些？在我心中，爸爸就是那么出色。爸爸是一所学校的校长，平时工作很忙，但他还是经常抽空来辅导我的功课。我最感棘手的奥数题在他面前也只是"小菜一碟"，爸爸一讲就是几个小时。我听不懂时，爸爸就会耐心地给我讲解，直至我豁然开朗为止。无论我在学习上遇到什么难题，他百分之百能帮我解决。我很崇拜我的爸爸哦!

我的妈妈是辛苦的。妈妈对我的关爱,更是无微不至。有一年冬天,我长水痘了,还发着高烧,爸爸又出差在外。妈妈一个人冒着大雨,开着电瓶车,把我送到了医院。风雨无情地肆虐着,妈妈用最温情的语言安慰着我:"宝贝,有妈在,别怕!"挂完盐水回到家,妈妈怕我着凉,就开着热热的浴霸,耐心地给我在长水痘的地方擦药水。那晚,我昏昏沉沉地睡到天亮,妈妈整夜没睡好,她怕我着凉,怕我踢被子……妈妈一直守护着我。

第二天,看着妈妈的黑眼圈,我鼻子一酸,豆大的泪珠夺眶而出。

我爱我家,我爱我的爸爸妈妈,我的爱是小溪流,而爸爸妈妈的爱却是广阔无边的海洋。

050

写给妈妈的情书

林思好

亲爱的妈妈:

你总是抱怨我不把作文给你看,写日记时也总是神神秘秘。有一次,你竟开玩笑说:"你是在写情书吗?"那么现在,我就给你写封情书吧。

该从我出生时说起。你告诉过我,我出生在夏日的清晨。那是一个静谧有风的凌晨,你怀着酝酿了很多时日的期待与盼望,被一阵剧痛从酣睡中唤醒。于是，在经过了一场短暂而艰难的手术后，我的一声啼哭划破了夜色。拉开厚重的窗帘，晨曦的第一抹阳光透过斑驳的窗爬上我的身体，摩挲着我的每一寸肌肤。我的出生，是光的降临。是你，把我带到这个世界上；是你，赐给我第一缕暖光。

　　稍长大些，因为生病的缘故，我的身子特别虚。到秋冬季节，手脚总是冰凉，怎么捂也捂不热。外婆说你觉得很愧疚，总心疼地想办法。医生说要多多晒太阳，后来你一看到有太阳，就一定会抛下手中的一切带我去晒太阳。记忆是被筛子过滤过的，星星点点，支离破碎。但我仍能记得，有一个寒冷的冬天，阳光很明媚，金灿灿的一片一片倾泻下来。你带我到草坪上，刚下的雪还未化尽，覆盖在黄色的小草上。风刺骨，天仍是寒冷。你抱着我，微微敞开我的衣角，斜过身子挡住寒风，让我尽情沐浴阳光。你的脸冻得通红，但一直一动不动地坐在那里，直至暖阳逐渐西沉。

　　再后来，我们搬了新家。我长大了，要有自己的书房和卧室。分配房间的时候，你就毫不犹豫地把向南的两间房间都给我用。房间里有充沛的光照，只要天放晴，就能看见偶有浮絮漂过的蓝天。一走进，便能嗅到浓浓的阳光的气息。可你的房间正相反，光线弱，常常需要开一盏灯，总令人觉得阴冷。

　　总记得你晒被子，晾衣服的竹竿不够长，你稍稍思量，把我的被子先铺开晾在上面。随后再把你的被子叠了几叠，挂在那狭促的一角。我看见我的被子坦然地躺在那里，安然享受着大片阳光。你的被子蜷缩着身子，努力地攀住那丝丝缕缕吝啬的光芒。到了晚上我睡觉时，似乎每一丝棉花都蕴涵着暖暖的光，环绕着我的身体，似头上就有轮暖阳，温柔地散发光芒，如此贴心，如此温暖。

　　是的，一直以来，你都毫无保留地把所有的光都给予我，这已成为你无法割舍的习惯。但我明白，这不仅仅是阳光这么简单。那一丝丝渗透进我心灵的温暖，是你对我的爱。我一直明白，你就是我心中

051

成长是一首歌

的太阳，赐我光，赐我温暖，赐我爱。

　　似乎已经说得很多了，但这封情书，我永远写不完。因为你在我心中的光未尽……

爱你的女儿

乡村蛙鸣

孙润林

　　你听，那声音多美！以鼓点式的节奏敲击我的心房，收放自如而又不染一丝尘埃；你听，那声音多美！以抒情诗的格律牵动我的思绪，音韵温婉却又没有半点儿虚情。

　　就是它，从青草丛生的池塘、禾苗葱翠的田野，传来了一声声雄健而嘹亮的蛙鸣，那是天才的演奏，那是豪放的歌唱，时常牵引着我的心魂，感动着我的衷肠！

　　你听，乡村的蛙鸣，是一首春风沉醉的小夜曲，悠扬缠绵。

　　在微风拂柳、皎月朗照的春夜，整个乡村都笼罩在嘹亮蛙鸣之中——池塘、河道，只要有水流淌，只要月光所及，就是蛙声的世界。此起彼伏，遥相应和，充斥于天地之间。在这响彻夜空的一声声悠长而清新的蛙鸣之中，月光仿佛也受到了感染，银子般的光辉倾泻下来，似乎要照彻这个不知出处的歌者的舞台。河边的柳树也受到了激励，晃动几下如丝的枝条，婀娜着身姿，做着伴舞的准备。乡村在这一刻变得分外妖娆妩媚……

你听，乡村的蛙鸣，是一支洗涤心灵的乐曲，恬静安适。

乡村的蛙鸣，没有指挥，却调配和谐，让人如聆听一曲清远的牧笛之后的那般舒心。这熟悉的亲切的蛙鸣呵，是那么的美！让多少无依的不安的心找到情感的依托和精神的归宿。曾经年少在乡下夜读时的我，总喜欢那些和书上的文字一样纯粹的毫无遮拦的声音，那些和台灯一样坚持毫不倦怠的声音。而如今，远离乡村来到县城求学，在城市的华灯之下，熙熙攘攘的喧嚣，奔波劳碌的嘈杂里没有这般恬静的声音。这追索的久违的蛙鸣呵！你听，乡村的蛙鸣，是一杯清香四溢的茶，纯朴香郁。

无论是长鸣短奏，还是低吟浅唱，乡村的蛙鸣，总是那样诗意盎然。声声蛙鸣，让田野芳香弥漫，让茶园清香四溢。此刻，即便再有沉郁的心事，于这片蛙鸣之中，也一如饮了一捧家乡的清泉，纯朴香郁，沁人心脾，顿觉神清气爽。那些尘世间烦琐、庸俗、浮躁……都于这和美的蛙鸣之中逐渐远去。

你听吧，那乡村的蛙鸣是多么的悠扬，那是纯美的大地之歌，那是遥远的天籁，那是田园温暖而纯净的梦境，久久回荡于你我的心间……

放歌彝乡

陈 帆

伴着午后明媚的阳光，追逐着山间凉爽的清风，我们怀着欢畅愉悦的心情，一起来到了阿诗玛的故乡——云南石林，一同领略这大自然的杰作，宇宙的奇观。

走进石林，映入眼帘的便是一池清澈碧翠的水塘，那一块块灰色大石头耸立于池塘上，孤傲挺拔，倒映在清澈的水面上，再衬上绿色的乔苗，构成一幅秀丽动人的画面。据导游介绍，这儿曾是一片汪洋，但由于地质运动，海洋逐渐演变成了陆地，而我们看见的石柱正是海底的巨型岩体，也正是我们所熟知的熔岩地貌。

踏上一条条迂回曲折的羊肠小道，仿佛穿梭于海底的迷宫，盘根错节。那些石柱都洋溢着无穷的力量，威慑挺立在我们面前。迷宫中千门万户，说不清有多少曲涧，数不清有多少幽谷。真有"五步一楼，十步一阁"的风趣。

忽觉眼前一亮，一座大石峰矗立于前，鲜红的"石林"二字筑刻，石峰上到处可见文人题词。"山间得少佳趣，何处更寻桃源"，多么悠闲快活的心境！

登上了石林景区最高点——户峰亭。整个地貌奇境尽收眼底，群峰壁立，千嶂叠翠，纷飞的思绪让眼前这一片石头活了起来。有的像一团乌云、一头野象，还有的像古代神话中的巨人，手执刀枪搏斗。最有趣的当属一只猫正蹲坐于洞前找寻老鼠，而狡猾的老鼠却躲藏在石块后偷笑呢！还有那金蝉骑乌龟，乌龟骑大象的"三重骑"。真是生动逼真，妙趣横生。

穿梭于石林间，时常觉得"山重水复疑无路，柳暗花明又一村"。时而眼前清泉一泓，参天怪石倒映其中，时而清清莲花池，幽幽古瑶池。我的心随之微微波澜，震慑于世界真奇妙中。终于，我见到了传说中的阿诗玛，百闻不如一见，她身着彝族服饰，昂首屹立于幽池旁的丛林间，为彝族人民祈福……

石林，触动了我心灵深处的音弦，我无法传唱，但能用我的文字，谱出最真挚的赞歌！

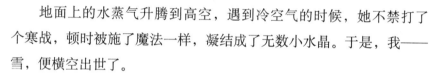

一朵雪花

韦可欣

地面上的水蒸气升腾到高空，遇到冷空气的时候，她不禁打了个寒战，顿时被施了魔法一样，凝结成了无数小水晶。于是，我——雪，便横空出世了。

我是个调皮的孩子，闷在天上久了，就在冬天找个日子，似九天仙子下凡尘，飘飘悠悠地落下来了。我总是将大地上的万物披上白袍，如粉妆玉砌般纯洁美丽；而太阳冉冉升起，我又慢慢变成水蒸气，升腾、凝华，等待来年再造访大地。

我的生命循环往复，因此，我看到：

谢安在家庭聚会上欣然提问："白雪纷纷何所似？"谢朗答空中撒盐，才女谢道韫则喻之为柳絮因风起。我为其才思敏捷所倾倒。柳宗元在漫天皆白中孤舟蓑立，独钓寒江雪，我能感受他怀才不遇的孤独。岑参在胡天八月的飞雪中饯别武判官，那"忽如一夜春风来，千树万树梨花开"的生花妙笔让我叫绝。诗仙李白抱怨"欲渡黄河冰塞川，将登太行雪满山"，他的满腔愤懑感染了我，我也不禁为他的仕途不顺而苦闷。张岱独往西湖赏雪，堤一痕、亭一点、舟一芥、人两粒，勾勒出一幅素雅的美图，我也隐约体会到他的清高自赏与淡淡闲愁。《红楼梦》中的姑娘吟诗也忘不了我，探春的"玉是精神难

055

比洁，雪为肌骨易销魂"，宝钗的"胭脂洗出秋阶影，冰雪招来露砌魂"……我还看到了鲁迅儿时在百草园里捕鸟，天真快乐；毛泽东吟诵"北国风光，千里冰封，万里雪飘……"大气磅礴；老舍笔下济南冬天的小雪，更是让我如痴如醉。

古往今来，许多文人墨客与我结缘，然而，我的心意并不在此。

我爱——

在那寂静的冬晨，人们惊喜地发现屋外已是白茫茫的一片，风儿送来第一缕清新的空气时，他们的脸上绽开笑颜。农民伯伯谈论着"瑞雪兆丰年"时，是那样安逸舒心。

而我最爱的还是活泼可爱的孩子！当我还在高空就远远望见他们站在地上看着天空，满脸虔诚地期盼我的到来；当他们能看见我时，便欢呼雀跃，奔走相告……我离他们越来越近了，孩子们便伸出胖乎乎的小手，小心翼翼地接住我轻盈的身体，灵动的眼眸里闪着温柔的光，他们凝视着我，表情那么神圣，似乎捧着的不是一朵雪花，而是一个天使，一个精灵。

我看着那真正的天使，他们脸上情不自禁浮起微笑。于是，我就在他们温暖的掌心里化成一滴晶莹的水珠。此时，便是我——雪，短暂的一生中最幸福的时刻了。

幸　福

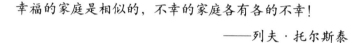

连叶兰

> 幸福的家庭是相似的，不幸的家庭各有各的不幸！
> ——列夫·托尔斯泰

你走了，伴着轻微的风儿，从我身旁悄然走过，带着满脸悲戚，带着深切无奈，更带着依依不舍。

你只生了我这个女儿，而且不能够再生育了，不能为这个闭塞山村里三代单传的农民家庭再续香火了。因此，你经常受到奶奶的冷言冷语。纷扰的家庭总是硝烟弥漫，我感觉不到家庭的幸福。

人们常说，女儿是妈妈的贴心小棉袄，不知道怎的，我和你并不贴心。也许是因为我知道了我是你悲剧的始因，我恨自己不能是男儿身。

你在我眼里总是坚强的，不管有多大委屈，你都会往肚里咽，因为你知道，这就是偏远山村里的现实生活。但是再坚强，也会有松懈的那一刻，那一刻，你选择了离开。

走的那天，父亲只是默默地看着你收拾东西，默默地抽烟，也许孝子的婚姻多如孔雀东南飞。你走的那天，我流泪了，但并没有哭出声来，也许是长期的家庭争吵，让一个十三四岁的女孩儿铁了心肠。

那一刻，你泪雨滂沱，一点一滴都落在了我的心上。那一刻，你泪雨滂沱，一点一滴都落在了父亲的心里。你无语，然后缓缓地向前走去。

我，成了离异父母的孩子。你在家时，我不能明白地感受你的好，但是你离开后，我却深深地体会了没有母爱的痛楚。

你走后，为了尽孝，父亲又娶了一个女人。可那女人生下了一个男孩儿后，就走了。因为她过不了山村贫穷凄苦的生活。我的弟弟，那个同父异母的弟弟，也像我一样成了离异父母的孩子。

不久，奶奶去世了，父亲带我们进了城。

进了城，我的心中多了喜悦，因为你就在城中，仍然孑然一身。你听说我们来了，也来看过我们几次，那时我多么希望你能回到这个家。但是我却开不了口，怕你拒绝，更是在为自己当初的冷漠而悔恨。

还是弟弟，那个同父异母的弟弟，他对着你叫喊着："妈妈，妈妈，妈妈！"听到弟弟渴望母爱的叫声，我的心一阵战栗，我也很想叫你一声"妈妈"。

"别走好吗？"父亲的一句话把你问住了。你默默无语，在思量着。

"妈妈，别走了，好吗？"终于，我痛哭流涕，哽咽地大叫。你哭了，摸了摸我的头，随即把我和弟弟拥在怀里。

"如果那天你和女儿及时问上一句，为了这个家，我说什么也不会走的。"母亲哽咽地责备着父亲。

我们一家人相拥而泣。那一刻我才真正明白，没有你的爱，我不会幸福。幸福就是拥有一个完整的家。

咸菜肉丝面

杨　凡

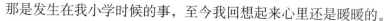

那是发生在我小学时候的事，至今我回想起来心里还是暖暖的。

记得，在周末的一天。我上完兴趣班回家，走到家门口时，一摸口袋，顿时心里一紧：糟了！钥匙忘在家里了。我回家时那种闲适的心情全部灰飞烟灭。我慢吞吞地爬上楼梯，只能希望父母能早点回来给我开门。在楼道里，无聊地走来走去。已经是正午了，爸妈还没有回家，肚子却不时"咕咕"地叫，我只好无奈地坐在楼梯台上。

这时传来的一阵阵脚步声，打破了楼道的寂静。上来的是一位素不相识的老奶奶，老奶奶亲切地问了我情况，然后热情地邀请我先去她家坐一会儿。

走入她家，我看到墙上挂着许多照片，心里不禁想：难道这位奶奶是摄影师？这些照片里差不多都有一个相同的女孩儿。眼睛大大的，样子很阳光。老奶奶好像看出了我的心思，走到我的身旁说："这是我的女儿，去美国进修有五年了……"听得出来，老奶奶在讲女儿的这一切时，虽然脸上洋溢着灿烂的笑容，但能感觉到她的孤单。我心中顿时有一种说不出的滋味。

当我还细细观看那些照片时，老奶奶已不知不觉做好了饭，捧出一碗冒着浓郁香味的咸菜肉丝面，走到餐桌，微笑着说："孩子，

059

饿了吧，先把这碗面吃了，等你爸爸妈妈回来。"看着眼前热腾腾的面，我低头狼吞虎咽地吃了起来，一边吃一边看着老奶奶，老奶奶却看着那些照片，我的眼睛模糊了。这时，传来父母开门的声音，我急忙告别了老奶奶，并说："有空的话，我会经常过来玩的。"老奶奶微笑着把我送出了家门。

后来没多久，我家搬走了。我却依然忘不了老奶奶那张慈祥的脸，还能闻到热热的咸菜肉丝面的香味。

爱的铃声

朱思怡

060

漫长的暑假里，爸爸去上海学习，妈妈在分校开会，只留下我一个人在家。他们不放心我独自在家，每天常要打好几个电话来关照我。开始我还挺高兴，后来听到的都是那些重复的话，我便有些厌烦了。

这不，"丁零零……"电话铃又响了！

我停下笔，不耐烦地拿起话筒，电话那头传来的果然又是妈妈的声音。

"女儿，你在干什么？"

"我在做作业。"

"你做完了吗？"

"快了！"

"你吃过饭了吗？"

"早吃过了！"

"记住，千万不要让陌生人进来！电视看太久容易坏眼睛！另外，我再重复一遍……"

不容妈妈说完，我就挂了电话。过了一会儿，"丁零零……"电话铃又响了。我已做完作业正看电视呢，电视剧的情节也正精彩着呢。我瞪了电话一眼不理它，可是，它却一直响着！哎！实在吵死人了！我三步并作两步过去，生气地扯掉了电话线！

哦！太棒了！我终于不用再听那刺耳的电话铃声了！可以好好地看我的电视了！

可好景不长。

"咚咚咚……"半小时不到，门外传来了急急的敲门声。开门一看，竟然是妈妈！只见她的头发湿漉漉的，脸涨得通红，豆大的汗珠直往下淌，衣服也全被汗水濡湿，样子十分狼狈。

"宝贝，你没事吧？"妈妈气喘吁吁地问。

"我怎么会有事？"我不解。

"那为什么我几次打电话都没人接呢？可把我急死了，还以为你出什么事了呢。"

见妈妈累成这样，我脸红了，低声把扯掉电话线的事告诉了妈妈。"宝贝，快把电话线连上。不知道你的情况，我怎么能安心呢？"妈妈抬手看了看手表，"好了，我为了你，请假回来的，现在我得赶快回去，你要好好照顾自己……"说完她便一阵风似的跑下楼去了。

妈妈又走了。望着她匆匆的背影，我终于明白了，这烦人的电话铃声背后藏着的是——爸爸妈妈对我无时无刻地牵挂与关爱。

我赶紧走过去，插上了电话线。这以后每当有铃声响起，我都会雀跃着过去，微笑着拎起话筒。因为我知道了，这铃声就是爱的见证。

家乡的小溪

杨丽晴

　　家乡的小溪，叫霞溪。虽然没有长江与黄河的源远流长，也没有广西漓江与凤凰沱江那样中外闻名，但我却对它情有独钟。

　　春天来临，霞溪迫不及待地睁开了亮晶晶的大眼睛，焕发出迷人的光彩，舒展着骄人的身姿，不时挠醒溪边小草的清梦。风平浪静时，溪边的垂柳倒映在清清的水中，好像一个个俊俏的姑娘正对镜梳妆，为霞溪平添了几分姿色！微风中，柳枝轻舞。顷刻间，几只身姿轻盈的小燕子，忽然用如剪的尾巴轻点溪水，水面便皱起微微波纹。这时的小溪，便更富情韵。

　　霞溪东岸那两个放风筝的小孩儿，手牵风筝，放飞着三月的希望。调皮的他们不时往溪水里扔下一块块小石子，平静的水面便现出无数个圆圈向外荡去，恰似两个孩子脸上迷人的小酒窝。溪水映着蓝天白云，和着那初春的嫩绿，流动着快乐而轻快的音符。不远处，溪水拐弯撞击山崖，响声"哗哗"，像胜利者唱着凯旋的欢歌。

　　"春水碧于天，画船听雨眠……"霞溪的水，是多么的清澈啊！从上往下看，碧绿的水草中掩映着色彩斑斓的鹅卵石，就像无数棋子铺在水底。水中的小鱼悠闲穿梭，鸭子也不甘落后，张开那洁白的翅膀，肆意地扑打着水面，溅起一朵朵美丽的浪花。鸭子的洁白，增添了溪水的清澈；鸭子的叫声，打破了山间的幽静。

家乡的小溪！你的美丽景致，让我陶醉。你美得那样自然，美得那么纯真。你让我感受到了你日夜奔腾向前从不停息奔向大海的脚步声。前行的道路上，虽然遭遇过数不清的暗礁石壁，但都无法阻止你不停地前行；虽然遭遇说不尽的急流险滩，但你都表现出战斗者的无所畏惧，依旧唱着胜利者的歌谣……

俗话说："一方水土养一方人。"家乡的小溪，灌溉着土地，养育着我们，也在激励着我们。

追逐生活的诗意

高鑫涵

生活如同一本书，只要你用心去读，再枯燥的日子都会充满诗意。

夜，深了。当村庄渐渐淹没在夏天黄昏的夜幕里，烦躁的蝉儿也不闹了，整个村庄一片寂静。不甘寂寞的月儿乘着风顽皮地扯破夜幕，一会儿透过窗户，落到劳作了一天正在酣睡的老伯的脸上，把老伯那张黑红的脸映得发亮；一会儿又跳跃着，翩翩地落到正在盛开的花朵上面，旁若无人地抚摩着花蕊，直到花儿羞得泛起红晕。

铃声敲打着乡村校园夜晚的宁静与和谐，教室里剩下一个孤独的小女孩儿趴在桌子上轻轻抽泣。老师走过来，温和的声音透过静谧的夜，很真，很切，很柔。看身子单薄的女老师吃力地背起女孩儿走出教学楼，月儿赶紧追了上去，扶着她们走进医务室。看着小女孩儿挂上了吊瓶，老师给她掖好被角，月儿才恋恋不舍地离去。原来，诗意在这深夜的月色里。

日，沉了。秋天，是农村最忙碌的季节，果园里的红苹果、菜地里的胡萝卜、农田里的庄稼让人们应接不暇。人们还在田野里忘我劳作，太阳却已经无法支撑有些疲惫的身躯，开始下沉了。尽管只剩下半个圆脸，但橙红色依然笼罩着西边的天空。

村主任指挥着联合收割机来了，张叔叔停下自己手里的活走来了，李伯伯开着自己的农用三轮车来了……看着无儿无女的张爷爷地里的人越聚越多，看到联合收割机在张爷爷的地里左突右突，成片的玉米阵瞬间不见了踪影，原本焦急的张爷爷在地头悠闲地抽起了烟，晚霞辉映着他布满皱纹的舒心的脸。原来，诗意在这黄昏的霞光里。

雨，下了。初冬的季节，雨丝伴着寒风打落了树枝顶端那几片零落的树叶，挤走了人们体内残留的一点点余温。雨帘密密地斜织着，在我面前闪烁、碰撞，然后落到地下溅起一圈圈美丽的涟漪。

我哆嗦着站在学校大门口，焦急地等来一辆又一辆飞驰而过的公共汽车，妈妈说好了今天来看我。雨水渐渐地打湿了我的衣服，模糊了我的眼睛。当我被等待折磨得快要放弃时，突然感觉头上的雨停了。我闻到了妈妈的味道，看到了那把熟悉的红油伞。我高兴地一只手帮妈妈撑着伞，另一只手接过妈妈给我买的一大包水果、零食。妈妈絮絮叨叨地询问我学习的情况，我心不在焉地敷衍了几句。我知道，妈妈还要在天黑之前赶回百里之外的家。当最后一班公交车到来的时候，妈妈迅速地用手捋了捋我脸上黏着的被雨水浸湿的头发，然后就一头扎进雨幕里。我大声地喊："妈妈，伞！""你用吧，小心感冒，我坐车用不着。"看着大客车渐渐消失在茫茫的雨雾里，我的眼睛模糊了。原来，诗意在这多情的雨滴里。

天，亮了。睁开惺忪的睡眼，困乏的感觉在春日的晨光里荡漾。

微亮的晨曦透过窗纱，柔柔地倾泻在寝室内的黑白琴键上，似乎要奏响黎明的旋律。

迎战中考的学兄学姐们早已起床，橘黄的灯光里传出轻轻读书声，操场上飘来流利的英语对话，和着湖边树林里鸟儿清脆的鸣叫，仿佛一首美妙的黎明交响曲，轻叩着我的心扉。原来，诗意在这撩人的黎明里。

诗意的生活永远在你充满诗意的心灵里，让我们远离浮躁，满怀感恩，去追逐生活中童话般的诗意吧！

快乐在我心

李成瑾

065

国庆节，爸爸带我去家乡的登月湖玩。

湖畔一棵棵笔直的杉树，像一柄柄利刃，直插云霄。落叶满地，踩上去软软的，仿佛是厚厚的地毯，还有两个可爱的小朋友在上面打滚呢。耳边不时传来清脆的鸟鸣，好像在说："欢迎你来游玩。"

突然乌云滚滚，下起了雨，我和爸爸决定去餐厅避雨，正好也吃午饭。这家餐厅真漂亮！温馨的格调，优雅的装饰，有一种回家的感觉。吃完午饭后，我们去柜台付钱。前面的叔叔在付钱时，一张百元钞票从钱包里掉了出来，他却毫不知情。正在这时，服务员走过来把钱捡起来，叫住那位叔叔说："先生，您好，您的钱掉了。"那位叔叔回头先是愣了一下，接着连声说："谢谢，小伙子真好。"看到这一幕我笑了：拾金不昧的好人真不少啊！

雨过天晴，登月湖的景色更美了。脚下的小草戴上了晶莹剔透的"珠花"，眼前的湖泊泛起圈圈涟漪，远处的山烟雨朦胧。可一个东西破坏了这情调，是地上的易拉罐。我正在怪那个扔垃圾的人时，一个哥哥走过来捡起它，扔进了垃圾桶。对呀，美好的环境，需要人们去保护，这样花才会更美，水才会更清。只要每个人都有这样的意识，我们的家园会更美好！

每天都有不同的快乐，只要你用心，就会发现快乐

暖暖的感动

颜 蔚

066

"快乐，从来就是在极小的事情中萌芽。"对这句话，我深有同感。

那天，我参加学校的一次重要活动排练。结束后，我看了看表，怔住了：早已放学十多分钟了。外面连绵的细雨给大地笼上一层薄烟，也给我的心罩上阴影。作业题还没有抄，而值日生放学前总会擦黑板的。更糟糕的是，我也没有记下同学的电话号码……我不敢再想下去，就急忙冲向教室，希望情况还有转机。

到了教学楼下，我停下脚步。雨水一丝丝滑过我的脸庞，也将我心中的希望之火一点点地浇灭——远远地就看到，我们班教室里只有昏暗的光。顿时，心情很失落。

我灰心地走进教室，想着明天怎样交差。"你总算来了！"我惊讶地四处寻觅声音，是我的同学W。他将一张纸条递给我，一边笑道："好在你没让我等一两个小时。"我疑惑地打开纸条，上面赫然写着今天的家庭作业！W又说："这可是许多同学帮的忙，我们一人抄了一条。"我才发觉，纸条上有好几种不同的笔迹，但每一种都极其认真、工工整整。我心中涌起一股暖流，仿佛看到好几位同学你争我抢为我抄题的情景。

走出教室，雨还在下着，雨点轻轻落在我脸上，很是凉爽。雨声淅淅沥沥，似乎是一首动人的曲子。顿时，我感到从未有过的快乐。同学们的真情透过白纸黑字向我传递着温暖。

感 恩 的 心

朱岭安

春风送暖，微风轻拂。花儿醉人的芳香、燕子轻盈的呼唤和太阳热情的照耀，将我带到春的田野。我的心情格外舒畅，一股快乐的泉水在我心中流动。

万物复苏。树枝抽出了新芽，嫩绿嫩绿的，如初生婴儿般娇嫩。勤劳的蜜蜂也飞来，我这才发现在我脚下还有一朵蓝色的花，蓝得晶莹、蓝得透亮的花，我仿佛能感觉到她的呼吸，能看到她正享受着春的拥抱……

"哞——"春耕了！老牛在前面拉，农民伯伯在后面推犁。黑色的泥土从地下滚滚不绝地翻了上来。大家工作得极认真，每次翻下去都有半尺来深，想想秋日的收获，谁能不尽力呢？田边是一片树林，里面围着一湖水。春来了，湖水也醒了，打碎了坚冰，重新焕发了生气。晶莹透亮的水，倒映着蓝天和树林。偶尔一只小鸟飞过，湖水为鸟儿摄了最美的照片。湖水像清澈透明的眼睛，她要把世上的真善美看个够。

几片浮云飘了过来，转眼下起了小雨。春雨贵如油，这淅淅沥沥的小雨，不正是这一切事物的动力吗？

回家的路上，细细品味这沿途的景物，忽然"老师"二字在我脑海中闪现。是啊！我们是秋日的禾苗，那任劳任怨的老牛就是老师；那清澈的湖是老师，她能包容一切；那丝丝的春雨也是老师，没有她，我们这些新芽怎么能成长？

快乐来源于美好的事物，春便让我感受到了快乐的情思——感恩。

有一种美丽叫等待

飞鸟筑起温暖的巢，等待雏鸟回来；云朵铺好柔软的床，等待太阳回来；母亲煮好热腾腾的饭，等待孩子们回来……等待，总是漫长的、让人牵挂的。在我眼里，等待，也是一种永恒不变的美丽……

母爱之歌

徐靖瑶

打开音响，一段如水的钢琴声缓缓流淌在耳畔，让人如沐春风。

我很小就与音乐结下了不解之缘。我母亲虽不从事与音乐有关的职业，但她却极爱音乐，一些老歌被她唱得十分有味道，一段段歌词张口就来，做饭时，散步时，不时听到她哼着一段段小曲。

我印象最深的，便是小时候母亲唱歌哄我睡觉的情景。我一向活泼好动，用父亲的话说，人家是"静如处子"，而我是"动如疯兔"，所以睡觉也不安分。而这时母亲便会坐在我的床头，轻轻地拍着我，然后唱一支支动人的歌谣。她的歌声犹如一把梳子，似把我心中的喧闹梳理得恬静与惬意。"不经历风雨，怎么见彩虹，没有人能随随便便成功"，让我明白凡事皆需付出努力，才能取得成功；"大海啊大海，就像妈妈一样，走遍天涯海角，总在我的身旁"，让我认识到母亲的爱似大海一样不尽流淌；"这是一条神奇的天路哟，把人间的温暖送到边疆"，让我了解社会正飞速地发展，领略了祖国的大好风光，更加热爱祖国……

长大后也陆续听了许多歌，曲子虽好听，却始终觉得没有母亲唱的歌令我沉醉，令我快乐。也许使我快乐的不仅仅是母亲唱的歌，还有母亲那深沉的爱。

冬日阳光

张牧远

我最喜爱的秋天还是那样优美地离去。

那温暖的秋日，如火般炽热的阳光紧紧围绕着我，与我相拥。凄美的落叶划破空气，留下一道道绚烂的伤口，静静融化在我的视线中。寒冷撕裂了这伤口，把所有温暖扯得粉碎。阳光也被打败，在这寒冷中变得稀疏。

印象中的秋日，还有妈妈的枫红色风衣，宽宽的衣袋在并不寒冷的秋风中飞扬；爸爸的橙黄色风筝，从我们手中轻悠悠地飘走，在我们的欢声笑语中飘远……

然而冬天还是来了，所有的美妙记忆都不复存在。

我想我可以不再回忆那些绚烂的镜头。它们被我掩埋在了内心的最深处，渐渐分解，不再被提起。我对爸爸妈妈情感也随着冬天的到来起了微妙的变化，沉默寡言，安静得像冬日的雪。

雪并不喜爱阳光，只想征服她，因为怕被融化。雪在阳光面前是孤傲的，不可侵犯的。阳光却并没有想打败雪。面对雪的孤傲，她总能尽力理解。她大概相信终有一天可以融化雪，让雪在自己的怀抱中感受温暖。

大雪下了一场又一场，过于纯白的世界使我有些不适，但又充满了好奇，想躺在雪堆中享受冰凉。

我无法忍受家里的寂静，尽管我们一家人都爱热闹，但谁也不愿打破这寂静。他们静静地聆听我叛逆的声音，却一言不发。

我轻轻地走出了家门，站在院子里，任由眼泪肆意流下。我甚至想过去流浪，只要不让父母因我而沉闷，就让凛冽的寒风带我走吧。

我僵硬地站在雪地里，温暖的毛线围巾温柔地绕住了我的脖子。我知道那是妈妈。我转过去抱住她。

其实冬日的阳光也是温暖的，它稀稀疏疏地散落在每一个角落。而看似孤傲的雪即使被融化，也始终希望享受阳光的温暖。

那融化的声音，是爱的声音。

这个冬天，最耀眼的还是阳光。

072

有一种美丽叫等待

朱沁怡

飞鸟筑起温暖的巢，等待雏鸟回来；云朵铺好柔软的床，等待太阳回来；母亲煮好热腾腾的饭，等待孩子们回来……等待，总是漫长的、让人牵挂的。在我眼里，等待，也是一种永恒不变的美丽……

我的妈妈是老师，每天下班后，爸爸都会开车接妈妈回家。那天，我回家比往常早，便坐上爸爸的车，一起去接妈妈。

下午放学的时候，学生从校园鱼贯而出，而校门口已是水泄不通。爸爸慢慢将车停在一旁，开始了静静地等待。我紧盯着窗外，盼着在人群中能尽早看到妈妈的身影。可校园渐渐空了，校门口的家长也渐渐散了，还是看不到妈妈。

天色暗了些许，夕阳浓浓的金黄从天际淌开来，染遍了大地。迟迟不见妈妈，我有些不耐烦了。"爸，妈怎么还不出来呀？""再耐心等一会儿吧，应该快了吧。"爸爸轻声说着，语气里听不出一丝焦急，我有些吃惊地望着他，他显得很平静。

夜色浓稠了许多，无尽的夕阳仿佛倏忽间隐匿了动人的笑靥，留下空空的暗灰。行人渐渐稀落，一个一个行色匆匆，时间一分一秒流过，等待的痛苦仿佛在吞噬着我最后一丝耐心。"爸，我进去找妈妈好吗？"说罢，我便想打开车门。

"别动！乖乖坐住！"爸爸急忙制止了我，"你妈妈现在肯定还在忙，我们再等等，别上去烦她。"爸爸缓缓地说着，那一字一句，如跳跃的音符轻轻敲在我心间。霎时我的心弦被轻轻拨响，一种不可名状的感觉蔓延在心头。"难道爸爸每天都是这样等妈妈吗？"我不相信地问道，又看了看已渐渐陷入黑暗的校园。"没什么，习惯了。你妈妈工作很辛苦的……"爸爸朝我笑了笑，那是多么质朴，真实又深挚的笑啊……

是啊，我看到了，当疲惫的妈妈出现在校门口时，爸爸脸上那抹淡淡的笑意；是啊，我听到了，妈妈上车后，爸爸和妈妈温馨的对话："今天累不累？回去想吃什么？""没等很久吧？""才来一会儿。"……

我看着前排的爸妈，相视而笑的爸妈，头发中都已开始夹杂银丝的爸妈，无尽的感动不停地从心中涌出……

原来，这样的爱，在漫漫地等待中，已悄然绽放，如此动人，如此美丽……

有一种美丽叫等待

爱在细节中绽放

罗佳妮

我悄悄地把记忆的纸打开，让那时间的轮盘飞快地倒转，转到那拥有天真无邪的小学时代。

"呀！颜料弄在头发上了！"我在上美术课时惊呼起来。我立即请假向水池跑去，低着头冲洗着头发上的颜料，不一会儿头发就湿透了，我顶着湿漉漉的头发狼狈地向教室走去。这时，数学老师从办公室里走出来，看到我后一脸焦急地说："头发怎么湿了？快进办公室来！"说着就用她那已经有些粗糙却无比温暖的手把我牵进了办公室。接着，急忙从柜子里拿出一条毛巾，开始轻轻地给我擦头发，老师没有很用力，所以十分舒服。"怎么衣服都湿了，会着凉的！等会儿，你在办公室多待一会儿，等衣服干了再回教室，知道了吗？"突然我发现老师像父母一样关心着我，平日课堂上的严厉早已经无影无踪了。我对老师的爱悄悄地播下了种子。

我静静地坐在办公室里，看着数学老师改着我们的作业，那夹着几丝白发的刘海悄悄地搭到了眼前，老师完全没有察觉，只是见她依旧全神贯注地修改，忽然她停顿了下来，眉毛收紧在了一起，然后起身把我叫到她桌边，用有些严肃的声音说："这道题上课不是说过吗？你怎么做错了呢？是不是没懂？"她有些焦急，我默默地点了点头，害怕地等着她的批评。令我没想到的是她却温柔地说："没关系，重讲一次，一定要听好！"我飞快地点着头。

老师开始仔细地讲解起来，看着老师的白发，我想起了她在夜深人静时，开着灯，检查我们的作业，那灯光中有着老师那"春蚕到死丝方尽，蜡炬成灰泪始干"的情怀。我想起了老师在生病时，拖着有些虚弱的身体，依旧尽力让声音更大些，让我们听得清楚些，那柔中带刚的声音透着老师落红不是无情物，化作春泥更护花的精神。

老师，因为有了您的呵护，我能快乐健康地成长。老师，您对我的爱，就如一盏明灯，照亮我的前进的方向。您的爱在我心中播下了种子，它正在茁壮成长。

咱班有个小胖子

075

陈语非

胖子哪里都有，但像我们班这个回头率百分之百的胖子可确实不多。

一天放学后，接学生的家长聚集在校门口，似乎在争论着什么，我凑过去一听——他们在讨论参加比赛获奖者"垚"字的读音，于是，生性爱凑热闹的我便仔细地听，有人说这读xī，有人说这读qù，但就是没人读出它正确的读音……

呜呼！悲哉！这一个"土"，就是"土"，能想到"土地"、"泥土"这类词；两个"土"呢？是"圭"，生活中很少用到，

有一种美丽叫等待

但也听说过，像"巴拉圭""乌拉圭"这样的国家名；那么三个"土"呢？又是什么意思呢？说老实话，我第一次见到这个字就读为"土"，后来查了字典，才知道读yáo，与"遥远"的"遥"同音。看了解释才明白这是个为命中缺土的人量身定做的字。

这个获奖者就是我要正式介绍的他：

此人姓段，名垚，我们习惯性地叫他三土兄，因为垚这个字也挺难在电脑里输出来的。他身高中等，体型偏胖，皮肤白皙，五官标致。平时我们一起疯疯癫癫，打打闹闹，但一到了座位上他就被旁边的女生欺负。当然了，这也可以被称之为绅士的表现吧！

前面说到他是个"胖子"，这仅是以本人个人的角度来看。他似乎也对这个"雅号"不满意，一直有个可望而不可即的梦想——变得瘦一些。之所以称他的梦想可望而不可即，还得从一次电话聊天说起——

一天晚上，他打电话给我，张口就问道："你多重？"

我如实回答了他。

只听电话那头一声叹息，接着又说："我要开始减肥了。我一定会比你瘦的。"

我冷冷地说："你这一身的'宝贝'，虚胖呀！不好减呢！"电话中又传出声音不大的一句话："妈妈，虚胖好减吗？"这句话过后，我们双方都沉默了许久……

过了一会儿，他开口了："我妈妈说虚胖不好减……"

从此以后，他对减肥的事只字不提。

以后每次去食堂，都能见到他那飒爽的英姿。要是和他坐在一起吃饭，你都不用动勺子，光是看着他埋头苦干直到盘子底朝天，自己就会有一种莫名的饱腹感，或许是受他那"刻苦"吃饭的精神所影响吧！

像他这样的好学生，刻苦的精神不仅用在了吃饭上，更用在了学习上，所以他的成绩在班中一直名列前茅。前文所说到的关于获奖的事也是确有其事，还是国家级的，我这省级的奖也只能自叹不如了。

他不仅成绩好，还担任年级干部，所以说我和他做朋友，走在一起时，唯一值得吹嘘的就是体重了。

姥姥的锅盔

刘子燕

黄澄澄，圆溜溜，像极了正月十五的大月亮；一缕一缕的热气，带着一缕一缕甜甜的香气，氤氲开来，不一会儿充斥着整间屋子……啊，姥姥的锅盔，又一次飘进我甜甜的梦乡！

从小到大，每次去姥姥家，姥姥总是问我："吃什么？"我随即说道："锅盔！"

姥姥的锅盔做得绝。一勺白面，一勺小米面，一勺糯玉米面，再加一勺粟米面，用碱水和匀了，就拿塑料薄膜蒙好，搁在炕头上发。等面发好需要大半天的时间，我没耐性，就缠着姥姥讲故事，起先讲的是狼外婆，再讲的是七仙女，讲到白娘子的时候，我终于耐不住想要掀开薄膜看看面发好了没有，姥姥总是轻轻拍拍我的脸蛋，说声"馋丫头"，便抱起我去买棒棒糖。

面终于发好了，姥姥掺进一小勺蜂蜜，揉啊揉啊，最后抟成一只只碗口大的锅盔。这时候，我便要被姥姥撵出去玩了。她总说，小孩子家叫油烟呛了容易起麻子。我最怕长麻子了，乖乖地去院子里跳方格格，跳了一圈又一圈，汗都快出来了，屋子里飘出甜丝丝的香味来。我急不可耐地跑进去，锅盔烫好了，锅底上一只，周围又趴了四只，不多不少，正好五只黄澄澄、圆溜溜的大月亮！

吃锅盔是全世界最美的事儿了吧，先轻轻吹散热气，咬上一口，皮儿脆生生，里儿柔腻腻，味儿香喷喷！姥姥呢，她不吃，就看我吃。你瞧她满脸端着笑，皱纹绽开了花儿，眼睛眯成了缝儿，我一度认为，看我吃锅盔，就是姥姥最美的事儿了，于是我故意吧唧着嘴巴，吃得香汗淋漓。

每想起姥姥的锅盔，我都忍不住咂咂嘴，再下意识地擦擦嘴角，唯恐有涎水溢出。

好盼望放假啊，去姥姥家，叫她再烫锅盔给我吃！

黑发与白发

汤思璠

我看见的花逐渐都凋谢了，唱过的歌逐渐都淡忘了，听过的故事逐渐变成了传说，我所触及的真实也逐渐变成了记忆。可是，唯有妈妈那青年时的黑发和中年时的白发，却被我毫无保留地爱着。

童年，我很喜欢摆弄头发。妈妈的头发像小草一样柔软，像柳丝一样轻柔，因此，我很喜欢玩妈妈的头发。奇怪，妈妈似乎很愿意让我玩她的头发，即使我每次都会不小心而拽掉她的头发，她也会摸摸我的头，说没事；即使我每次都给她别上花花绿绿的发卡，使她原本顺滑的头发变得乱蓬蓬的，像一个喜鹊窝，她也只是会笑笑说自己回到了童年的时候。

在我的记忆中，妈妈的黑发是最柔软的，是最顺滑的。

现在，我长大了，已经学会梳头了。

早上，我和妈妈闲着没事，我俩一同坐在窗边晒太阳。一阵风吹过，吹起了妈妈的长发。我看到妈妈的头发已经没有那么顺了，那么黑了。妈妈为我梳了六年的头发，但这次，我要用心地为妈妈梳一次。妈妈头上的白发，似乎是在峭壁中开的很美的白色小花，很显眼。妈妈老了，再也回不到从前了。风，又轻轻地吹，扬起丝丝缕缕的白发。白色很明显，与以前的黑发对比反差极大。但是，它却顺着风的节奏，跟着风的脚步，传递着一点一滴的爱。

时间是一条长长的直线，贯穿在脚下伫立的地方，我走在妈妈的头发上，每当向前迈一步时，妈妈便会年老一岁，增加一缕白发。事情会随着时间而变化，但唯一不变的，是妈妈对我的爱。

079

幸福绽放

朱 芸

傍晚，我坐在小屋前，手里举着一只黑乎乎的烤玉米，猫像水草一样的尾巴在我眼前柔柔的晃悠。门前韭菜地里挺着几十枝纯白的韭菜花，有的端庄悠闲地舒展着自己球状的身体，有的扭头掩面，合着米粒大小的苞在微颤，像是在倾诉着孕育生命的幸福。那幸福是什么呢？幸福如摘星星那般难吗？我的思绪像这饱满的花苞一样一瓣瓣绽放……

第一瓣：下课了，同学们纷纷走出教室。我急忙去找睿，新交的好友。睿站在那里，正背对着我，和一个同学说着什么。我走近，望着她的背影，静静地祈祷：转身吧，转身后，友谊枝繁叶茂。太阳柔和地照进楼道，在与蓝天对眸时，理解了彼此的心愿。睿忽然转过身来，笑着对我，仿佛早就知道我在她身后。阳光在她转身之时，带着蓝天的希望，伴着她友好的笑靥，洒在我的身上。随着笑靥，幸福的花儿打开。

第二瓣：睿拉着我的手，踏着漫漫阳光下楼去。人潮涌动。睿始终拉着我的手，什么凌波微步，什么壁虎漫步，各自都以独门武学在人群中矫健地穿梭。睿始终走在我的前面，拉着我的手，在浩瀚的人海中畅行。伴着牵手，幸福的花儿绽放。

第三瓣：在圆台边等着睿。睿看见我，直奔过来了。睿停了下来，嘴角撇了撇，示意我的脚下。原来不知何时，鞋带竟被人踩开了。未来得及反应，她已蹲身下去，理带子，交叉，穿梭，抽紧，打结。手指舞动着，宛如兰花。我不知不觉中蹲了下去，紧紧握住了她的手。能有一个人肯放下架子，毫不犹豫地在众目睽睽之下，为你系好鞋带，幸福犹如花瓣般灿烂。

猫跳上了我的膝盖，甜甜地偎依在我的怀里，我掰了几颗玉米粒放在了它的嘴里。风起了，韭菜花在暮色里摇晃着，天上的星星月亮出来了，万家灯火也亮了起来，而我不再羡慕。站起身来，带着幸福的陶醉，拿起电话，拨通睿的号码，于是幸福就在远方绽放……

畅游三国城

王欢琦

夏日炎炎，骄阳似火，阻挡不了人们兴高采烈旅游的脚步。这不，暑假里我和妈妈选了一个双休日去无锡三国影视城好好地玩了一圈。

一下车，首先进入眼帘的便是三国城那高大巍峨的门楼了，城楼上各色旗幡在艳阳下随风飘舞，两尊汉代神兽：天禄和辟邪矗立于广场两侧，让人仿佛一下子穿越了时光隧道，来到了一千八百多年前硝烟弥漫的东汉三国时期。

三国城内的景点也带着浓郁的汉代风格——"吴王宫""甘露寺""曹营水旱寨""吴营""竞技场""跑马场"，建造宏伟，震撼人心，无不让人驻足流连。不过最精彩的还要数城内大大小小的各场表演了。你瞧：表演时间还没到，跑马场四周的看台上早已座无虚席了，大家都在等待一场惊心动魄的马术表演"三英战吕布"。擂鼓声中，由影视马术特技队员扮演的刘备、关羽、张飞和各路诸侯披挂上阵了，各路人马在"跑马场"一字排开，场面非常宏大。诸侯们各自展示了自己的马术绝活：时而挥鞭疾驰，时而在马背上翻飞，时而飞快地跳下马又跳上马……惊险的动作博得场外观众不住拍手叫好。在虎牢关前，展开了十八路诸侯讨董卓的历史画卷。助纣为虐的吕布上场应战了，在他一连打败了几员大将之后，刘备、关羽、张飞三兄弟飞马赶来，与他进行了一场殊死决战。四人各操兵器，在飞驰的战马上来回穿梭，左冲右突，刀光剑影，上下翻飞，直杀得烟尘滚滚，天昏地暗，难分难解，真让人看得眼花缭乱，目不暇接！此时，观众情绪也被这血雨腥风、如火如荼的战斗场景充分调动起来了：喝彩声、助威声此起彼伏，数十回合较量之后，吕布终于落荒而逃，酣畅淋漓的表演也随之戛然而止。真让人意犹未尽啊。

走出跑马场，我和妈妈一边兴致勃勃地回味着刚刚的演出，一边跟着人流往吴王宫走。咦，那里怎么传来了悠扬的傣家歌舞声？噢，原来"第二届欢乐三国泼水节"正在吴王宫广场举行呢！许多身穿傣家服饰的姑娘小伙擂起了象脚鼓，跳起了傣族舞，在欢歌笑语中泼水活动正式开始了：参加活动的游客也来到广场中央互相泼水，人们一边呼喊，一边用水枪、脸盆、水瓢从广场四周的大缸里舀水向别人身上泼去，祝福的水花到处飞溅，广场迅速变成了欢乐的海洋。在这里，不管是大人还是小孩儿，反应稍一迟钝，就会被从天而降的水浇得像个"落汤鸡"，就连旁边身穿制服的保安也失去了严肃的模样，拿着水枪到处嬉戏追逐。烈日当头，迎面的水，背后的水，头顶的水尽情地泼来，稍稍赶走了一些盛夏的酷热，虽然人们浑身上下都湿透了，一个个却兴高采烈，到处充满了欢声笑语。我和妈妈站在高高的角楼上，欣赏着"落汤鸡"们狼狈滑稽的怪样，忍不住捧腹大笑。

欢乐的时光总是过得飞快，转眼我和妈妈又要踏上归途，三国城真是让我感觉大开眼界，不虚此行啊。

登 山 记

许 卓

小时候，趣事一箩筐。所谓的"趣"，有的真逗，有的真险。"逗"的像小珠子散落在我的记忆里；"险"的像一根根毛刺轻轻划过我的心灵。

那一次登"山"，真的又逗又险。那是在放学以后，正是夕阳西下时，云仿佛被烧着一般，红彤彤的，在我眼里，那光芒充满着亲和力。我们两三个小伙伴离开校园，进了小区，都没有直接回家，而是被僻静处的一座假山吸引过去。

那座假山有两三米高，假山下的水池早已干涸。走近，假山就像一个巨大的马蜂窝，满是坑、洞、洼。假山也不十分陡，比较容易攀爬。在好奇心的驱使和小伙伴的怂恿下，我竟然一反胆小的常态，义无反顾地向上登去。我踩着那些坑坑洼洼，摇摇晃晃地爬到"顶峰"。"顶峰"其实像空中楼阁，只有两块石头支撑着它的体重。我战战兢兢地直起身时，才发现自己已身处"绝境"，进退维谷。但我还没有完全体会到自己处境的危险。为了在小伙伴面前有面子，我还装模作样地环顾四周，装作"会当凌绝顶，一览众山小"的豪迈的样子。我还发现了一个十分隐蔽的鸟巢。我蹲下身去，从鸟巢里掏出了几个鸟蛋，对伙伴喊："请你们吃'豆豆糖'！"

正当我玩得忘乎所以时，我突然看见父亲正火急火燎地朝假山跑过来，我一下子慌了神，想快速地溜下山去，却腿肚子发软，两股战战。父亲冲到跟前，伸出双手，说："不要慌，慢慢下来。"在父亲的指导下，我终于成功脱险。父亲指着假山旁的警告牌说："那不是写着禁止攀爬吗？假山不是真山，会塌的。"一路上，我在想，这回一定要品尝"竹条炒肉"的滋味了，虽然父亲很少打我，但今天犯了这么大的错误，他一定不会谅原谅我。我的心又慌又乱，眼睛里恐慌的泪水不停地在打转转。

进了家门，母亲也在焦急地等待着消息。父亲略显疲惫的表情和眼神令我坐立不安。但出乎意料的是，他并没有惩罚我，而是轻轻地拍了一下我的脑袋，说："想爬山吗？明天是周六，我和你妈妈带你去！"我一下子破涕为笑。

第二天，我们真的去登山了，登的是白云山，广州的一座高山。天不太热，但拾级而上时，我已经汗流浃背，但我不服输，和父亲母亲一道向上爬去，终于到了山顶时，我有了一种成功的骄傲。父亲说："成长就是不断攀登的过程，但你要攀登的是真正的山，真正的山才会给你力量。"

邂逅自然之美

毛颖健

又一次想起那一树迎春花，想起夺目的明黄，虽然与它只是短暂的邂逅，却一直被它感动着，被大自然的美感动着。

本是去看日出，我憧憬着在六月的清晨收获凝眸处霞光四射、光影中千变万化的壮美景色。

正是黎明时分，东方的鱼肚白已由嫩而深，沿着米白的石阶缓步前行。路转，惊见一树明黄，使苍白的黎明一下子多彩起来。

一树迎春花，盛放在眼前：黄灿灿的小花，簇拥着喧闹着，似乎是剪裁于盛夏的阳光，缝合成钟形的花瓣，努力地向外伸展着。微风拂过，一股清香扑面而来，让人心旷神怡，从未遇过如此芬芳的迎春。

迎春花的身前身后是密布的绿意，簇拥着它，仿佛呵护着一个温暖的梦。

我惊诧万分，就这样呆立在他的眼前，"人间四月芳菲尽，山寺桃花始盛开"，山顶的迎春开在节气外却也是开在常理中，可是一瞬间，嘴角竟牵扯出一抹笑意来——迎春花被人们誉为春的使者，白乐天以"金英翠萼带春寒，黄色花中有几般"礼赞它。现已是初夏，山下"带雪冲寒折嫩黄"的迎春花早已经凋零了，而眼前这株，却才开始绽放，它还称得上迎春花吗？心里的不屑盛开成花——应该叫它迎夏花吧。

忽然想起张抗抗的一句话：它遵循自己的花期自己的规律，它有权利为自己选择每年一度的盛大节日。它为什么不能拒绝寒冷呢？

是啊，为什么不呢？它有权利选择自己花期，而不是因错过而拒绝开放。一年的休养，一朝怒放，倾尽生命，就算是迟开，它也要向人们展示大自然的美。一丝敬意涌上心头，顿觉它更加明艳夺目，超凡脱俗，甜丝丝清幽幽的香气沁入脾。我静静地看着，看到了它的执着、它的自信，看到了生命的极致，我被它的精神深深地感动了。

那么人呢？又何尝不该如此？无论美丽或丑陋、年幼或年迈、健康或残疾，都像花就要盛开，生命的尊严就是抗争！

邂逅大自然的美，给我震撼与惊喜：美，为傲骨，为气魄、为精魂——这树迟开的迎春，是为最美。

生命之舞

彭兴伟

天真蓝，水真绿，青青的绿草地上长满了蒲公英。风儿轻轻一吹，此刻最美的应该是舞蹈天使——蒲公英那优美的舞姿吧！

我的心情因此而好了许多，或许是因为这些纤小而纯白美丽的舞蹈之天使吧？

我走进了那个画面，抬头欣赏着这完美的舞蹈。此刻，小河水泛起了微波，草儿也随着这柔美的舞蹈扭动了起来。因为，它们同我一样，都是被这蒲公英的舞蹈所震撼，心也随之受到鼓舞，也随着节奏，舞动着美丽灿烂的生命之花！

我被这般充满激情的画面深深地打动。

"你好啊！"我的背后隐约传来一说话声，"你喜欢我们的舞蹈吗？"

我寻着声音的方向走去。一朵蒲公英轻轻地飘飞起来，我伸出手，轻轻地接住了它。

"你还没有回答我的问题呢！"蒲公英说。竟然是这朵小小的蒲公英在与我说话，我既惊奇又兴奋地望着心中的这朵小花。

"你好，很高兴认识你。"我微笑着说。

"你喜欢我的舞蹈吗？"

"很喜欢！你跳得那样的忘我，似乎把自己完全当成舞蹈的孩子，连我这个局外人也深深地融入其中。"

蒲公英那细细的绒毛扬了扬，好像很满意的样子，说："我们可以做朋友吗？"

"当然可以啊！"我不假思索地回答。

"啊，真是太好了！我们又多了一位朋友！"蒲公英高兴地喊道，"伙伴们，让我们一起尽情地舞蹈吧！"

我轻轻地踮起了脚尖，与蒲公英一起，在这大自然的舞台上，快乐地跳了起来。

漫天飞舞的蒲公英，舞蹈于风中的精灵！它们挣脱了大自然的禁锢，迎着风儿，跳出了大自然的灵魂之舞！

天，依旧是那般的湛蓝，水，依旧如翡翠那般的碧绿。我和蒲公英成了最好的朋友，我们一起在蓝天下，跳起了生命之舞！

087

冬日里的温暖

秦俊毅

慈母手中线，游子身上衣。母亲如一缕温情的阳光，带给我心灵的慰藉，让爱定格在那个冬日里。

那个星期天，我与你顶了嘴。一气之下，我什么东西都没有带就跑到了学校。一路上，衣服怎么会有如此多的"洞"，冷风像针一样刺进了我的身体。原来，秋天渐渐离我们远去了，肆意地北风卷掉树上不多的黄叶，一片一片的，在空中狂舞。到校后，赶紧钻进暖暖的教室，与同学们分享着这难得的温暖。

第二天早自习，天气似乎更冷了。在晨风的劲舞下，那飘飞的大雾，时而吞噬着整个校园，时而露出了一个模糊的轮廓，隐约间那宝塔式的青松穿上一层薄薄的"白衣"。不经意间，我打了一个寒噤，把衣服裹得更紧点，还是感受到从窗户吹进来的丝丝"寒意"。

瑟缩中，教室里突然安静下来，我听到了一个很熟悉的声音："老师，我找一下徐栋坤。"同学们齐刷刷地望着我，我故作镇静地坐直了身子。妈妈，是妈妈！可我并没有立即站起来。

在老师催促声中，我慢步走出门。一出门，便看见了你熟悉的身影。你的发夹上乃至于眉毛上都凝着白雾，你的嘴唇都发紫了。妈妈，你一定很冷吧！你用那双冻紫的手将衣服从包里拽出来，说道："你这孩子，走这么急，天冷了也没带上一件厚实的衣服！没把你冻着吧？"一双冰冷的手接过衣服，在妈妈的帮助下，我穿在身上，顿时一股暖流流遍全身。

当你转过身去，我呆呆地望着你的身影消失在雾里，我开始后悔起来：为什么要与你顶嘴？为什么要惹你生气？脑海里不断翻动着你平日里的好：当我面对挫折灰心丧气的时候，是谁在一边说"孩子，别放弃"！当我饥肠辘辘时，是谁将那可口的饭菜送上！当我疲惫不堪时，又是谁将那香气扑鼻的清茶递上！都是你——妈妈！

在你背影的方向，我发现一轮红红的圆盘露出了笑脸，照在厚厚的羽绒袄上，跳出淡淡的红光，朦胧中，母爱便定格在这一片暖阳之下……

回忆中渐渐长大

秦安琪

　　静谧冬日里，你是否还记得春季的稚嫩、夏日的繁盛和秋天的不舍，是否还在期待下一个成长的轮回？

　　忘不了，这样的画面。那一幕，小小的窗，从天井里斜斜地落下来的阳光铺在木质地板上，影子描绘出她的轮廓——我的外婆。阳光穿过她发丝的空隙，弥漫着温暖的色调。外婆总是那时候的样子，像是感觉不到时光的流逝，如同一桶酒窖里的陈年葡萄酒，自顾自地酝酿发酵，即使木桶无法对抗岁月而老去，酒香却愈发醇厚芬芳。

　　忘不了，这样的声音。同样是刚刚的那一幕，屋外桦树叶与蝉儿合奏的圆舞曲、阳光爬过地板的宁静——像是外婆的叮嘱，细密而安详。不需要夏日的高温和午后的慵懒，她的嗓音仍然温暖，她的语调仍然不急不缓，像是圆舞曲。轻柔地打着节奏，每一个字犹如一个舞步，轻轻稳稳地踏在记忆之上。

　　忘不了，这样的味道。还是刚刚的那一幕，阳光暖暖的味道和外婆衣服上香香的洗衣粉味儿，还有手中碗里冰砖甜甜的牛奶味儿——它们组成了外婆家的味道，每每从记忆深处飘出来，仿佛傍晚归家的人伸长了鼻子闻出的家里饭菜的味道。时光的海浪带不走记忆的贝壳，虽然不能再常常去外婆家，这样的味道却根植在记忆的土壤。

突然，这一些记忆的拼图组合在了一起：那样的冰砖，那样的外婆，那样的味道，那样的外婆家……它们组成的并不是美丽却虚空的幻境，而是生活的片段——在过去大多数的暑假里，这一幕常常上演，而现在，则不一样了。

过去，外婆家似乎更像是避难所——一个逃离外界纷杂忙乱的避难所，当我在外面世界的成长中觉得迷茫、困惑时，我总会想起这个避难所，如同寄居蟹小小的壳，小小的，却足以令其免受伤害。而现在，我更愿意成为一片海洋，而这枚贝壳，是我最美丽的珍藏。

我不断回忆，回望着背后脚印；同时，我也远眺前方，留下更多成长的足迹。

牵着我的手

秦安琪

每当放学铃声响起，学校门口便会出现一位老人，翘首等待他的孙女，十一年来风雨无阻，大手牵小手，伴我从幼儿园的小丫丫长成一名中学生，他是我崇敬的人，也是我最爱的人——我的姥爷。

踏出校门，我开始寻找着一位高个子，直腰板，整齐平头，花白头发，保持着军人风采的老人。当我俩目光会聚，我便飞快地向他跑去，他牵着我的手，走向车站。

姥爷的手又大又厚，曾是我安全的港湾，曾是我冬天的"恒温热水袋"，而现在更像是我牵着姥爷，我捂着他苍老而粗糙的手。姥爷说，他拉着我过马路安全。我却想：姥爷腿脚不好，我要当老爷的小拐杖。所以，至今，在路上，总能看见互相支持的祖孙俩，并且会一直支持下去。

放学路上，我总喜欢看姥爷的眼睛，那深邃的眸子里对外是威严，像老虎一样让人不敢侵犯，而对我却是另一番深情。我轻叫一声，他转过头来，目光立刻充满慈爱、宽容和鼓励。这样的目光是我在他对妈妈、姥姥身上都没发现的，这是我独享的"殊荣"。

姥爷问："什么事？"我便由此与我挚爱的老爷讨论开来。姥爷在我心中，早已超越了家长，更是我的良师！他温和的教育方式，不断进取的精神一定会让我终身受益。

我是姥姥、姥爷带大的孩子，对他们的感情甚至超越了父母，他们对我的影响也极深。小时候，我犯错后，妈妈、姥姥，一个呵斥，一个举起"武器"（姥姥总是虚张声势地举起她的小毛线针）。这时，我只好躲到姥爷身后，姥爷瞪她们一眼，独自领着我，安慰我，到我不伤心了，心平气和地和我讲道理，通常是以讲故事的方法，给我深刻启示。从此，我不仅不再犯同样的错，更学会宽容，学会换一种方法表达。

姥爷是博学的，阅读、书画是他最大的爱好，每天下午，在阳台边读书是他的习惯。放学接到我，便聊开来，或历史故事，或悬疑奇事，或小幽默，或政治经济，无所不谈。现在想来，幼时姥爷启迪我，并让我受用终生的故事便是来自每天的阅读。有时，姥爷会手把手地教我画国画，寥寥几笔，宣纸上上便出现了毛茸茸的小鸡在争食！每个假期，姥爷会认真地教我书法，虽然没有书法家的名号，但他的书法却与大家有得一拼，我也耳濡目染学的一点儿，姥爷经常和一些书法爱好者交流，会牵着我的手徜徉在书画展上，以学习更多的技艺。每当我说姥爷的字写得好，姥爷总是说："比上不足，比下有余，要多多学习才是，学无止境。"

　　我的姥爷是一个平凡的姥爷，是我最好的良师，牵着您的手，无忧无惧，温暖幸福。

从母爱中学到了语文

李意驿

　　母爱依依，感动我心。在成长的道路上，母亲陪伴着我；在学习的道路上，母爱滋润着我，在母爱中我学到了语文。

　　最早接触文学作品是在幼儿园。那时的我当然不会阅读，甚至连拼音也不会，但每天睡前，母亲便捧着书在我耳边轻轻地念。播音员出身的妈妈，普通话很标准，再加上她绘声绘色的朗读，我的心也跟着故事情节起伏。我记忆最深的故事是《野天鹅》，我似乎与伊莉莎一起冒险，一起期待能为变成天鹅的哥哥们破除魔咒。妈妈特意买了带有精美插图的书，提高我的审美，那些图文并茂的书我至今珍藏。妈妈不时需要出差，没法为我讲故事，就买了很多磁带，把故事录进去，晚上用录音机放给我听。记得我做梦都有一个个童话故事的演绎。这些童话故事为我的写作打下了基础。妈妈在讲完故事后，也不忘培养我的思考能力，比如念完《野天鹅》后，就要我讲自己的感受，我说要做一个像伊莉莎一样勇敢的女孩儿。这也对我以后的成长有着积极影响。妈妈就这样让我领略文学的魅力，培养我的语言表达能力，我学到了语文，也学到了爱的表达。

　　长大些，妈妈开始让我接触祖国的传统文化。因为上中文系曾经是妈妈的理想，她笃信"不学诗，无以言"，妈妈为我买了《人间词话》《唐诗三百首全解》……然后和我一起学习，一起背诵。从那时起，我知道了中文是世上最美的语言，能表达最细致入微的情愫变化，中国古人的文学造诣很深，诗词曲赋是那么美。穿越时空，我是水边衬着伊人的蒹葭，我与木兰同出征，我与李白在月下对饮、歌舞，我和欧阳修漫步于杨柳堆烟的街巷，我看徐志摩在康桥边轻挥衣袖……在妈妈的引导下，我从心底萌发了对中国文学的喜爱。在与妈妈学习的过程中，我们常常笔谈，在书上分别画下自己喜爱的好词佳句，写下自己的思考赏析，对书中的谬误，我们会通过不同版本加以查证。在这些思考的过程中，我对语文有了更为浓厚的兴趣，之后我便自己写诗、填词，提高自己的文学素养。谢谢妈妈！您对我的培养是您对我的爱，在您的爱中我学到了语文。

龄龄善款计划

李卓航

从小到大我"折腾"的事可真不少，做环保小卫士，倡导在南屏步行街设分类垃圾桶；大冬天在滇池数海鸥，调查红嘴鸥保护情况；演英语剧，结诗社……今天要给大家讲的是"龄龄善款基金"。

近年来，中国频频发生自然灾害：雪灾、地震、干旱、洪涝……总让我们牵挂。每一次学校组织捐款，同学们都积极参与，都想为灾区献上一份自己的力量。在我看来，虽然捐出的是自己的零花钱和压岁钱，但终归都是父母给的，总觉得不好意思。又想到有很多明星救助灾民、患病儿童，为什么我不能设立一个"龄龄善款基金"用作善款捐助呢？

从此，家里墙上便多了一张表格，上面详细列明了我做家务或从事其他有意义的活动可以获得的善款。如收碗筷一次五角，洗碗一次一元，扫地一次一元，下厨一次两元等，而且除了日常家务外，还特别设立推拿每次五角，考试一百分奖励两元，读一本名著奖励两元，垃圾分类回收所获全部计入善款等总共十一项！

如此，家中便又多了一个小帮手。有几次吃完饭，一贯操劳的妈妈习惯性地站起来收碗，我突然想起基金的事，便大喊一声："不要动！"妈妈一愣，以为发生了什么事，却只见我迅速把碗筷收拾好，拿到厨房去了。妈妈反应过来时，我早已将桌子擦得干干净净，在基金表上登记好，去做作业了。妈妈脸上露出了欣慰的笑容，我心里也那么美。我终于自立了！

特别值得一提的是推拿一项。说是推拿，其实是"治病"，别看我才十三岁，但技术了得，家里人都说我是"小神医"。妈妈是电脑病，爸爸是工作压力大，姥姥、姥爷是老年病，通常我都大胆为他们治病。为此我可看了不少中医书籍和经络图谱，拔火罐是没问题的，妈妈的颈椎痛不那么严重了，姥姥感冒初起，拔个火罐就不用吃药了，最神奇的是姥爷腰不好，而通过我的治疗，如今竟然一年多没复发了。

说实话，在基金中有两项"重金"是需要努力一番的，比如考试和读书这两项，考试一百分，必须是大考才算，实在来之不易。而看似简单的读书却又更难，普通的杂志肯定不算，一般的闲书也不行，必须是真正的名著，抽空闲时间读完一本需要一个多月，善款得来不易，但想到有那么多的人需要帮助，我唯有倍加努力才行！基金的设立增强了我的学习动力，让我读了很多的好书。

怎么样，我的"龄龄善款基金"不错吧？既有了捐款的来源，又做了自己力所能及的事，帮助家人分担了苦累。同学们，大家都行动起来吧，做一个自立自强的人，做一个父母的小帮手！

模模糊糊看世界

连哲婷

夕阳下山了，眺望天之极端，依稀可见它最后竭力迸溅的几抹橘光，与弥漫在天空浑厚的灰交融成鬼魅的紫色。夜色一点点加浓，暮色轻纱般笼罩在天上，盖在屋顶上，盘桓在树枝上，缠绕在花朵上。一直静默在喧嚣中的一排排路灯亮了，就像魔法师挥了挥神奇的魔法棒，那些橘黄色的灯光一个接着一个从街的这一头跳跃到街的那一头，将光芒传递，照亮了杂草丛中的这一角，点亮了疲惫的旅人心中的那一角。人群渐渐散去，喧嚣归于沉寂。四月的风伴着暖意吹过，夜，在无声地徘徊着。

我独自漫步在这安详宁静的夜幕中，有种与夜色交融的感觉。那些在风中摇曳，星星点点的光透过我的双瞳，泛着蒙蒙的迷离。夜色太暗了，它随时缠绕着我，而我却无法清晰地欣赏它的素颜——的确，对我来说，太残忍了。

一个深度近视的人，能够分辨几米以外物体的颜色已是奢望，更别说细细欣赏大自然精心雕刻出的曲线，一棵树的年轮，一片叶的叶脉……所有的一切，在摘下那副沉重的眼镜后都是白花花的一片。也

有一种美丽叫等待

许你会说看不清可以戴眼镜啊，但我一直认为隔着一层镜片看世界和没有任何屏障地直视世界的感觉是不一样的，再美的东西透过一层玻璃就显得虚假，就连优美的线条都显得僵硬。

然而，上天并非完全地剥夺了我发现美的权利。此时抬起头，睁大眼睛细细地眺望，就像是幽深沉寂的一汪清泉被猛然掉落下的石子打碎了的倒影，又似江南的蓝碎花布上错落的碎花，夜色在我的眼里朦胧而美幻。那一点点细微的星光、高楼大厦里五彩的灯光，还有水光、月光，都像夜空绽放的烟花，但却不会湮灭，不会凋零，永远停驻在绽放得最灿烂的那一刻。五彩的光圈填满我的视线，朦胧而又迷离，感觉虚无缥缈，若即若离。那幽深的绿，那是一棵绿意盎然的柳树吧？还有那鲜艳的粉红，鲜明的蓝，浑厚的橘红，它们是人家阳台上种植的鲜花，是游乐场滑梯上的漆，是褪了色的木栏……这些我都曾真切的触碰过，而此刻，隔着远远的距离，它们在我眼中卸下了棱角分明的形状。

我回首，在摇曳着红灯笼的小路上望远处灯火阑珊，风起了，光圈也跟着跳跃着。风吹乱了我的发，空气中飘着桂花的芳香，绵绵地在鼻尖荡漾。我醉了，醉在这片迷离的似梦非梦的夜色中，沉醉在这片美丽中……

谁说走得越近，看得越清，美就看得越深？有时清晰地看见一样东西未必是它最美的样子吧。距离产生美，就好比人与人之间的关系，"太远则生疏，太近则生隙"。近在咫尺的美往往会因不珍惜而被忽略，我想，朦朦胧胧若即若离的美也许更真切，更能感动人。

朦胧的夜，很美。

有摄像头的日子

——班级小记

赖慧琳

时时刻刻，老师总有稀奇法子，针对我们叛逆的生活；分分秒秒，我们总有不断的古怪精灵，填满老师时喜时怒的心情。

初识摄像头

在进入教室的第一刻，大家就看见这个黑不溜秋的小东西了。它在不起眼的角落躲着，乌黑乌黑又不怎么反光。不知道什么时候，就会"咻——"的一声睁开半眯着的眼睛，炯炯有神地盯着我们。今后我们的一举一动都会被记录在案，并且可以保持十五天，通俗点说就是——我们被"监视"了！

被"偷窥"的第一天

起初大家还没有太在意，还是刚下课就在教室里肆无忌惮地疯玩：在桌椅上跳来跳去，绕着讲台你追我赶，还有的彪悍得动不动就拎扫把满走廊跑，甚至丢粉笔头的也不停地挥动魔爪穿梭在云里雾里。下午，有人风风火火地从办公室奔至班里："不好啦，不好啦，曾哥（班主任）在查录像啊，我刚才瞟到了一眼，那画面太清晰了，脸上有多少汗毛都数得出来，你们可都要小心……""是真的吗？""哇，那真是太可怕了！"我们"水深火热"的生活已经开始了。

我们的生活很悲剧

如今，我们每天都与这个头小小但威力无边的摄像头展开激烈的"搏斗"。预备铃响，大家都乖乖地坐回自己的位置，以万分无奈的眼神盯着摄像头；上课，精神抖擞；自习课，不讲话、不回头、不传小纸条；课间休息啦，尽管依然喧闹依旧（摄像头录不到声音……），但是在桌椅上跳的告老还乡了，动不动拎扫把的改邪归正了，绕着讲台转的隐没江湖了，卷起重重浓雾的"粉笔哥"金盆洗手了。总之，同学们都收敛了很多。

不过装"乖"也不容易，需要极大的耐心、恒心以及信心。有同学已经快忍受不住了，外表虽平静但内心却十分烦躁。实在忍受不住煎熬的就夺门而去，到走廊上潇洒去了，因为那里可以摆脱摄像头的约束。

抽 查 录 像

下课铃声刚响不久，有人就火急火燎地杀回教室："曾哥正在抽查我们刚才英语课的录像，你们刚才英语课可没干什么吧？""啊？什么？完了！我刚才忍不住偷偷聊了几句啊！""哇，幸好我刚才还挺安分守己的，没事，吓死我了……"各位同学回忆的回忆，懊悔的懊悔，痛哭的痛哭，释然的释然，每个人的脸上都是全然不同的表情……

尾　声

其实我们就是一群懵懂又快乐的大孩子，在累并开心着的学习生活中，体会各种也许良好、也许烦闷的但必定有意义的感觉，无论是关于摄像头还是关于我们今后的校园生活。

我们用无穷无尽的小聪明一次又一次与老师"较量"着，老师也用无穷无尽的智慧一次又一次抵挡着我们的小招数。但我们毕竟是学生，也只好无奈地接受摄像头的"监视"，继续悲喜交加地过着我们不平淡的校园生活！

我们都一样

凌杏菊

长期积攒的废品已经在阳台的角落里堆积如山了。于是，妈妈找来了一个收废品的人，打算把这些废品处理掉。

她看上去有五十多岁了，穿着一身黑色的衣服，一双拖鞋——也许这个行当的人是不会穿浅色衣服的，易脏。她的腰间系着一个装满零碎钱币的腰包。当我去开门时，她朝我笑了笑。我被她的笑容弄得措手不及——这个笑容有些夸张，很显然，那不是出自于礼貌的微笑，而是带着一些讨好和巴结。

——我逃避着。我坐在正对着门口的沙发上，打量着门外的她。突然，她抬起了头，又对着我露出了那个令我无法应对的笑，我依然避开了。

我回到房间里。当我出来经过客厅时，下意识地侧过头看了看她——四目相对！该死的！又是那个笑容！好吧！我也轻轻地向上扬起嘴角，有些生硬地扯出一条弧线。——不是因为我不会笑，而是，我从未应对过这样的笑。此刻，在我沉寂的心底，泛起一片涟漪……

我不知道，是什么让那位妇人感到自卑；我也不知道，是什么让那位妇人感到我跟她之间身份的悬殊；我更不知道，是什么让那位妇人甘愿讨好和巴结我——这两个同等的生命，她们之间的区别在哪里呢？

生命的尊严并不建立在地位和价值之上，而是建立在"生命"之上。尊严是随着生命的到来而存在着的，而生命的尊卑，也仅仅掌握在这个生命对于"尊卑"的看法之中。所以，我不懂得，到底还有什么可以促使她把自己的尊严丢到太平洋里去，而去讨好和巴结一个与她平等的小生命。也许是生活的艰辛，生存的艰难……

其实，每个生命都是一样的。不管她抑或是他有多么光鲜的外表，有多么耀眼的成就，始终，都不过一样——在华丽或是褴褛的衣冠下，都是生来赤条条，死时空荡荡，又何来的尊卑之别？又何来的贵贱之分？

所以对于生命——同等的生命，我们应该彼此尊重，但却无须讨好和巴结。在同等的生命面前，是该有着完整的尊严的。因为，我们都一样，无法抗拒生老病死，也呼吸着同样的空气，享受着同样的阳光，踏着同样的土地。所以，我们，都是一样的——平凡而又伟大的生命！

墙角数枝春

那抚起杨柳的微风，轻轻地从我耳旁掠过，扫去了我内心严冬中积下的灰尘，吹起我乌黑的短发，一种轻盈的感觉纵身而上——正是我所期盼的感觉！

路灯、烟花皆文学

谷 宇

街道旁，灌木丛边，一盏高瘦的路灯颤巍巍地立在那里，有了裂痕的玻璃吱吱嘎嘎地响着，昏黄微弱的灯光在灯罩里静静地燃烧，仿佛在思考……有风吹起的树叶的抚摸，有墨汁般夜空的星星的照耀……他很满足这平凡的时刻。

路灯所在的马路对面，是一个很大的广场。一天，在这方旷地上，有一颗闪着七种颜色的小光点，左右微微摇摆地往天上蹿去，像一条小鱼在水中游动似的，后面留下了长长的、令人羡慕的尾巴。

"砰……"这个不起眼的小光点在夜空中绽放，像一朵夏日急于绽放的鲜花，绚烂夺目。这就是烟花。烟花的"花瓣"如同流星一般倾泻而下，而烟花呢，在空中停泊了数秒，在这数秒内——

"路灯，我的光比你亮多了，可是不久我就要消失了！"

"是啊，你真的非常的美丽，甚至勾住了一个人的灵魂。但这是短暂的！"

不久，烟花身上的每一部分，都融进了淡淡的空气中……

路灯，在一旁一如既往地享受树叶的抚摸，星光的照耀……

路灯也许输烟花一段灿烂，但烟花却没有路灯一世的安稳。

如果要我拿两种事物来代替文学这个字眼，我会选择"路灯"与

"烟花"。

路灯，充盈着光，在黑暗中带来安稳。

烟花，炫耀着光，在夜空中带来美丽。

文学不就是一位带来了心灵的安稳和内在的美丽的天使吗？

路灯，微弱的光，却照亮了许久。

烟花，美丽的光，却转瞬即逝。

文学却结合了它们二者，拥有路灯的安稳与永久，拥有烟花的美丽，但并不是短暂而微弱的。

文学给我们带来心灵的宁静，也带来了脑海中的旭日，非同一般的美丽！

路灯，烟花皆文学，故我热爱文学！

童真的再现

——读《汤姆·索亚历险记》有感

陈羽君

逃学的汤姆与伙伴们到了一条清澈见底的小溪边，拿出从家中偷来的锅铲，卷起裤脚捕鱼、砍柴……他们度过了一个悠闲自在的下午……

当我合上《汤姆·索亚历险记》时，脑中浮现出这样的场面。这本书取材于美国南北战争前的社会生活，也是马克·吐温先生对自己童年的回顾。他说："我写这本书的目的之一，是要帮助成年人愉快地回忆起他们童年时代的生活。"这本书的确有这样的魔力——全书继承了马克·吐温式的诙谐与幽默，许多场景描写活灵活现：粉刷匠智慧的头脑，主日学院里的大人物"出风头"，汤姆与贝琪单纯又大胆的约会……这些有趣的生活场景，是不是能让你忍俊不禁呢？在压力下生活的我们，得到这样的心灵慰藉，岂不是一种不错的消遣？当我把这些故事和别人分享的时候，他们也为此拍案叫绝。

但是，多次阅读后，这本书带给人更多的却是深沉的思考。我还记得鲁迅先生的话："有些现象是公然的，常见的，平时是谁都不以为奇的"，但"却已经是不合理的，可笑的、可鄙的，甚至是可悲的。"我认为《汤姆·索亚历险记》还有更深层的批判。这应该是马克·吐温先生写这本书第二个目的。文中有一句话嵌在我的心底："他们（汤姆和哈克）说自己宁愿在舍伍德森林做一年的草莽英雄，也不愿当一世的美国总统。"从这句话不难看出作者对死板、迷信、沉闷的社会极度厌恶。

但即便如此，文中还是有希望之星，不是吗？在这样扭曲的社会中，还生存着一个敢于反抗的人——他活泼，机灵，善良，正直。他，就是本书的主人公——汤姆。汤姆不算是"好孩子"，逃学，贪玩，谈恋爱……但是，我却很喜欢他。我羡慕他的轻松、自由，他拥有真正的童年，拥有属于小孩儿的天真与淳朴。

我与汤姆年纪相差不远，但我生活在一个竞争激烈的社会中，需要学习学习再学习，而汤姆却什么都不用考虑，自由自在地度过童年。我突然发觉我的童年被抢走了，与我同龄的孩子都有着过于沉重的负担。现在大家都在议论"孩子丧失的天性"，不就是汤姆身上的东西吗？我们只知道压力化动力，动力化努力，努力换来成功，却舍弃了本质的快乐天性。

所以，金钱诚可贵，成功价更高，若为童真故，二者皆可抛。何时，我们可真正笑谈自己独一无二的童年？

墙角数枝春

宋东风

　　我是很少出门的，好不容易出去舒活舒活筋骨，才悄然发觉，我需要脱去一件外套了……

　　喜欢坐在后花园里，静静地望着花圃旁的一株山茶花。花苞已经丰润而饱满，就像里面挤满了甜甜的浓汁。为什么是甜的呢？我也不清楚，只是那花的纯白直达内心，也许是它，倾吐了其中的奥妙。家中的小狗也活蹦乱跳起来了，抚摸着它柔软的绒毛，也许并不是很干净，但那是它出去郊游所带回来的嫩绿的痕迹……什么是春天？比夜晚的一道曙光还温暖，比著名的画作还鲜明，比浓浓的蜂蜜还甜。那抚起杨柳的微风，轻轻地从我耳旁掠过，扫去了我内心严冬中积下的灰尘，吹起我乌黑的短发，一种轻盈的感觉纵身而上——正是我所期盼的感觉！

　　将目光投入草丛间，细心观察，会发现从那光秃秃的枝条中慢慢抽出的嫩芽或花苞，都是那么微不足道，却又那么吸引人的眼球。我感觉像是被拯救出来的极其落魄的灵魂，恩人便是——春。我怀着一种感激的心情，细细地闻着春的味道：湿湿的，是土壤的气息。细细地观察春的花草：浅绿的，是新生的花草。这正是与严冬相反、令人喜欢的样子。在春的怀抱里，我可以迎着太阳大笑，可以脱去一件外套，轻松愉悦地欣赏一切美好。

我的心中也有一个春天：有一位小姑娘在密密的花海中，和煦的春光照着她的脸庞，她梦想着自己能成为一朵向日葵。她欣赏着一朵朵鲜艳的杜鹃花，亲亲花蕊，从鼻中钻入内心的是一种莫大的幸福。而我现在发现，我心中的春天远远不及我眼前的春天。我在鸟叫声中醒来，是春天再度拯救了我，把我从冬日的噩梦中拉出，带到暖阳、和风的仙境去。想想冬日的我，对"冷"十分厌恶与惧怕，我必须裹着厚重的羽绒大衣迟钝地、辛苦地上学去。这对于我来说是很痛苦的事情。因为我热爱学习，我相信，春天也是热爱学习的，不然怎么会用温暖把我叫醒陪伴我一起去上学呢？你就如一朵鲜花，站在远方，我守望着你，愿意看着你到开放的一刻，心中满是期待与欢喜。那么现在，就请让我把你珍藏在心中，成为我心中崭新的一幅"春"吧。

我慢慢靠近你，把你写在诗里：墙角数枝春……

106

感 动 在 心

顾云森

四岁，感动是一列载满糖果的列车，带着母亲的微笑，驶入我心灵的车站。

记得那时我上幼儿园，有一次我画画得了满分，兴高采烈地拿回家给妈妈看。妈妈看后，除了像往常一样夸奖了我，还给了我一包棒棒糖。我不解地问："为什么我没有好好吃饭，还给我糖果？"妈妈笑着说："因为你是最棒的！"第二天老师教导我们，当别人让自己高兴时应该说感动。于是，我回家对妈妈说："妈妈，你给了我糖果，我真感动！"妈妈笑着说我是个傻孩子，我也在一旁傻傻地笑开了。

是的，就是在那一天，我第一次懵懂地领会到了什么是感动。

七岁，感动是伞下的温暖，父亲用双手为我打开了一片无雨的天空。

那是夏秋交替的季节，一个男孩儿因为任性，不听父亲的劝告，穿着一件背心就去上学。结果，在放学时，气温骤降，大雨倾盆而下，他便开始后悔没有听爸爸的话，那个孩子就是我。正当懊悔不已时，忽然听见后面有人在叫我，往后一看，是爸爸！我用掺杂着求助与羞愧的眼神望着他，他只送给我一把伞，没有给我外套，要我记住这次教训。我哽咽了。父亲给我的不是溺爱，也不是冷漠的听之任之，而是深沉的关怀。

十一岁，感动是老师一缕会心的微笑，老师用苦心鞭策着我的进步与成长。

十一岁的我有那么点骄傲，容易满足于一时的成绩与荣誉。有一次，在课上，由于我不守纪律，老师忍不住了，收起了她平时和蔼的目光，意味深长地看了我一眼。虽然当时全班可能只有我一个人看到，却让我无地自容。不久之后的一次考试，我考了全班第一，老师在发试卷时，又给了我一个常人无法察觉的微笑，我满心感激。

我没有去感谢老师，因为她教会了我什么是无声胜有声的付出。

十四岁，感动是不经意的回眸，小女孩儿的真挚融化了我几近冰冷的心。

十四岁的我，变得冷酷而又叛逆了。在电影院里，面对一部令人潸然泪下的电影，我却无动于衷，转身就要离开这个让人悲伤的地方。忽然，有人拉住了我，一看，是一个六七岁的小女孩儿，她用沙哑的声音对我说："大哥哥，这是你掉的钱吧？你怎么这么粗心啊？"说着递上一张二十元的纸币。我把手伸进口袋一摸，钱确实不见了。再看看眼前满脸稚气的小女孩儿，她的目光是那么真挚，她的语气是那么诚恳，而我……

猛然间，我觉得自己仿佛是一个才华横溢的画家，虽然置身于缤纷的大千世界，却错过了许多华丽的景致，然而幸运的是收获了一张淡雅的素描。

是啊，在一次次感动中，我长大了。每一次的感动都带给了我一点又一点的成长，既有喜悦，又有悲伤，既有成功，又有失败。无论它是否会陪我一生，我都会好好地珍藏它，珍藏在心里……

好书伴我成长

张中华

纯真美好的梦幻还不时在脑海中浮现，却忽然发现，童年已然逝去，我已是一个忙碌而充实的初中学生了。回首过去的成长道路，有一个伙伴一直陪伴在我身边，它陪我笑，伴我哭，为我的成功加油，为我的失败鼓劲儿，这个朋友就是——书。

我的童年和许许多多幸福的孩子一样，都是在外公、外婆、爸爸、妈妈讲述的故事中度过的。进入幼儿园，刚学了几个汉语拼音，我就迫不及待地读那些带插图、带注音的书籍。《木偶奇遇记》《小王子》《绿野仙踪》《长腿叔叔》《鹅爸爸的故事》《汤姆索亚历险记》……一本本经典把我带入了一个个新的世界。

爸爸看我对文学故事如此感兴趣，就采取了一个有趣的训练方法：每天晚上，我躺在爸爸妈妈身边，爸爸就说两三个词语，比如"何谐、公园、金鱼、飞机、草莓"等，然后让我自由自在地编故事。每当这时，那些听过的传说、看过的故事都涌现出来，我就滔滔不绝地讲起来。

渐渐地，我已经不满足于那些童话了，半懂不懂地把家里书橱中的名著看了一遍。说实话，当时只感到《西游记》好玩，《水浒传》血腥，《三国演义》有点乱，《红楼梦》许多内容看不懂……我最喜欢的还是写我们孩子生活的作品，如《男生贾里》《女生贾梅》《马小跳》《山羊不吃天堂草》等等。

进入初中，爸爸就引导我读一些外国名著，并不时地和我交流。从《飘》中思嘉说的"毕竟，明天又是另外的一天呢"，我看到了希望的力量；从《老人与海》中圣地亚哥的"一个人可以被毁灭，却不能被打败"，我学会了坚强；从《简·爱》中我懂得了平等的可贵；从《荆棘鸟》身上我知道了什么才叫辉煌、成功……再读《红楼梦》，我也能慢慢感受到曹雪芹诗词的美感，宝黛情谊的纯洁凄凉，刘姥姥的可爱、可怜、可敬。

吾生也有涯，而书海无涯。未来的岁月里，书籍这"屹立在时间的汪洋大海中的灯塔"将继续伴随我、指引我走向成功。

梦回乡村

何深林

　　走在松软的乡间小道上，路旁的油菜花仰着嫩黄的小脸，在微风的吹拂下，黄色的花浪一层盖过一层，花香夹杂着泥土的味道，随风袭来，心便沉醉在这香气里……

　　沉睡中，我又回到了令我魂牵梦萦的故乡。

　　一大早，就在屋外大公鸡的阵阵啼声中醒来。慢吞吞地起身，走出小屋，各家各户都已忙碌起来：东屋的大妈在鸡圈里撒着米；西边的叔叔在门前做着自创的早操，前面的小弟弟正在给左邻右舍送去自家蒸的大馒头；还有北边的奶奶，正在田间的小河里赶鸭子……晚上刚下了一场雨，早晨的空气格外清新。远处，炊烟袅袅升起，像是在天幕中晕染着一幅绝美的画。

　　中午，吃完饭，老人们都聚在一棵大槐树下，摇着蒲扇乘凉。孩子们倒是毫不在意这炎阳，依旧追逐于房前屋后，任凭汗水把棉质的白色背心浸湿。屋檐下，大黄狗伸长了舌头，无精打采地趴着，注视着远处缓缓前行的小溪……

　　夕阳西沉，家家户户在屋外摆上了小方桌，大人们呼喊孩子的声音此起彼伏，构成一曲乡村的交响乐。不一会儿，一群孩子便顺着小河游了回来，嬉笑着回到了家……

忽然，一阵刺耳的汽车喇叭声惊醒了我的美梦。洗漱完毕，推开沉重的防盗门，只看见一张张冰冷的面孔。习惯了孤单的孩子们只能踢着石子去上补习班，路边略显瘦弱的行道树下早已容不下一群悠闲的老人去乘凉，早餐店里的小馒头白得刺眼。整个城市，只剩下汽油难闻的味道和小河散发出的阵阵恶臭。

梦中的花香，只能回忆；心中，一阵怅惘……

寂寞在唱歌

郁雯雯

寂寞是成长琴键上的音符，是花季歌喉里的妙音，是青春记忆中的主旋律。

1

春节刚过，爸妈又要去外地打工了。他们来也匆匆，去也匆匆。临走时，习惯性地抛下一句话："好好照顾自己和奶奶。"转身拎着简单的行李走了，没有再回头。我也没有出门送他们，因为我害怕自己会有一种冲动，情不自禁地拉住他们的手，眼泪汪汪地乞求他们留下，但我不能这么做，我没有权利改变他们选择的道路。

我独倚着栏杆，傻傻地、静静地，直到他们的背影消失在远方的夕阳中。冰冷的泪水划过脸颊，拨动心弦，我的世界只剩下寂寞。

拖着沉重的脚步在屋子里移动，没有目的，没有思想。空荡荡的屋子里只剩下我和奶奶，寂寞似夕阳的余晖一样温柔地抚摸着我，我好像听到一个孩子在唱着甜美的歌谣。

2

不知从什么时候起学会了种花。我特别喜欢那几盆菊花，胭脂红、柠檬黄，菊花的花瓣细而长，开得那么烂漫，那么可爱。好一个花中君子！在暗香弥漫的黄昏，静静地品味"采菊东篱下，悠然见南山"的意蕴，悄悄地倾诉着我的心事，渴望着那缕香魂能将心中的思念带给远方的爸妈。

过了几天，我意外地发现菊花不见了。我像疯了似的找遍院子的每个角落。

"奶奶，有没有看见那几盆菊花？"

"噢，菊花啊，我送给村书记了，让他帮了点忙，人家喜欢得不得了。"奶奶居然说得那样开心，也那样轻松。

"谁让您送人的？"我边吼边哭。

"你着着魔了？"奶奶奇怪地看着我。

我无话可说，转身冲进房间，泪水浸湿了被角。我又一次被寂寞征服了，它像一个朋友唱着歌，歌声里有理解，也有安慰。

3

渐渐地，我听惯了寂寞在唱歌。寂静的夜，孤寂的人，岑寂的歌，纷繁的世界与我隔绝了。我的世界只剩下了那份寂寞，那么纯粹，那么安宁。寂寞的歌像汩汩清泉从山涧迸落，清亮而干脆，缓缓流过心田，带走了曾经的伤痛，带走了俗世的尘埃，却留下了赤裸裸的伤痕和单纯的心。不知什么时候，现实又会揭开伤口，心灵又会蒙上尘埃。

而今，我也爱听寂寞在唱歌，因为那些受伤的心灵能在寂寞时找到安慰，尽管找不到最初的完整……

黑板上的记忆

鲍周洋

这是我们班教室后面的黑板，专用于办手抄报的。但就是这块普通的黑板，演绎着一个又一个故事。

斑驳的黑板

它已伴着无数的学子走过漫长的学习生涯，不信，那状若甲骨文的板面就是证据。如果处在远古时代，那倒也恰到好处。可同学们并没有在意，于是板面上到处留下了岁月的痕迹。有"前辈"的涂鸦，有凹凸的小洞，千疮百孔，还有形形色色的留名及"八卦"新闻。如"某某到此一游"之类的，似乎希望自己的名字永垂不朽。偶然走过的人还会在上面抹一把鼻涕，模糊中甚至还有标靶的印记，这竟是历代"狙击手"的训练场。这些犹如顽固的牛皮癣，谁也不愿多看它一眼。

偏偏由于黑板的木质较软，被调皮的同学相中了，乒乒乓乓地敲上几个钉。每逢雨天，雨伞便雄踞于此，形形色色，好不"艳丽"。偶尔查查卫生，黑板与墙之间的空隙又成了"收容所"，尽情地塞进糖葫芦签、冰棒袋、烂橘子皮……垃圾应有尽有。一阵风吹过，黑板直"哆嗦"……

黑板，就这样被漠视，被糟蹋，而它一言不发。

亮丽的黑板

突然有一天，据说有一个检查组要来学校，这块黑板也"时来运转"。

转眼间，黑板被刷上一层油漆，"夹壁"里满目狼藉的垃圾被清理得一干二净，"名人"们的留言更是踪迹皆无，就连裂缝也修饰得极有特色。黑板上还出现了图文并茂的手抄报：宣传交通安全、赞扬文明守信、提醒节约用水……内容多样、格式丰富。同学们无不驻足观望。

几天后，几辆黑色大众小轿车停在校园内，一群衣着严肃、面色红润的人走下车来，面对黑板或仰望，或点头。一阵喧闹过后，尘土飞扬而去，留下一股股汽车尾气在校园中升腾。

黑板成了校园里的一道风景线。

老去的黑板

喧闹过后是沉寂，黑板又落寞下去，如同昙花一现。

一场"暴雨"后，"老演员们"又纷纷登场，似乎只是经历了一个幕间休息。它们的"人气"是不会低落的。墙面与黑板的"牛皮癣"复发了，好事者又在上面抹鼻涕、涂鸦，谁也不愿多看它一眼。

这是一块老去的黑板，记录着一个又一个故事。

委　屈

陈　晨

　　"林冰儿，96.5分，全班最高分。不过，希望这其中不会有'水分'……"语文老师冷冷地报出了她这次小测验的成绩，并对她进行了一番"思想教育"，什么不要不择手段呀等等。

　　"啧啧，全班第一名，听到没有？其实啊……哼！"那边一群人都阴阳怪气地叫了起来，还不时向蜷在墙角的她投来一束冷冷的、令人毛骨悚然的目光。

　　她顿时感到自己的脸在发热，脑中"轰"的一声炸开了："不！不！我没有，没有！为什么自己辛辛苦苦努力获得的成果得不到人们的认可？就因为昨天下午……"

　　昨天下午，老师拿来一叠试卷，说是要进行一次小测验。同学们都唉声叹气，唯独她胸有成竹，因为她深信自己这段时间的努力。

　　可这时，另一位老师叫她参加学校节目的排练。没办法，师命难违，她只好耷拉着脑袋去了。可是排练时，她满脑中想的都是试卷，时常走神，忘记了那不知重复了多少遍的台词。

　　好不容易，等到老师说了声"解散"！她拖着疲倦的身躯赶快来到教室，考试早已画上了句号。同桌扬着她那张写了名字的试卷，说："哎呀，试卷难死了，又只有一节课的时间。你可享受特殊待遇——带回家做啊。怎么样？一定是全班第一！"她听出了同桌的言外之意，默默地浏览了一番试卷，把它塞进了书包。

当然，她并不是同桌所想象的那种人。她要用和别人同样的时间，同样的要求，做完试卷，考出自己真实的水平。其实，试卷并不怎么难，她一会儿就做完了。检查了一遍试卷，她笑了，相信自己一定能够取得一个好成绩。因为她知道，"付出了便会有收获"。

谁知……

"丁零零……"放学的铃声响了，她惊醒过来，这才发现脸庞上已有了一道深深的泪痕……

自信的力量

陈佳秋

我辞职了，辞了很大的官呢——班长。原因也简单，一怕影响成绩，二怕担负不了那么多的"责任"。

顶替我职位的是个很自信的女孩儿，叫琳，俊俏的脸上不时显出几份不服输的傲气。就职演讲时，红红的脸惹来一阵嬉笑。但她没笑，还是那样子演讲到最后，甩甩头回到座位上去。坐在下面的我一怔，她好像比我多点什么。

新官上任第一天，琳显得很紧张，低低的声音，没有一点威信。同学们"目中无官"，说话的说话，打闹的打闹……

"谁的垃圾没有倒，黑板没擦，牛奶没领……"班主任生气地站在门口，"班长为什么不督促？"

琳迟钝地站起来。我暗暗庆幸："嘿嘿，这就是后果。"我伸长脖子，看着可怜的琳。琳低着头脸红了，但她没有哭，我真佩服她的耐力。

在以后的日子里，琳开始发"严威"了。自习课上有人说话，她便毫不犹豫地阻止："闭嘴，做作业！"她依然自信。

一次，学校大扫除，我班有一个很脏的"死角"，谁都不愿去打扫。琳皱着眉头问："为什么没有扫？""班长带头，学生加油嘛！"一个调皮的男生说，全班都笑成一团。琳卷起袖子，新皮鞋淹进臭烘烘的水里，使劲儿扫起来。全班谁也没有笑，呆呆地看着她，直到她直起腰，大家都争先恐后地帮忙。她用自信的眼神扫了一下，不知为什么，我低下了头。

那一次，我们拿到了小红旗，破天荒的一次。

班风好多啦，这都是琳的功劳。可期中考试，她的成绩从第二名落到第九名，老师失望地看着她，她仍是很自信地点点头。

"嘿，不好受吧，别当了，这会影响成绩的！"同桌的敏儿劝她说。

"不，是我自己考得不好，下一次我一定会考好的。"琳把那个"一定"说得很重很重。

往后，我们班每周都会得到小红旗。期末考试成绩揭晓啦，她是"金牌"得主。我真的佩服她了，跑过去祝贺："琳，你成功了！告诉我，秘诀在哪里？"

"秘诀？"她伸出两根指头"V"形："自信是成功的第一秘诀！"她笑了，露出一排洁白的牙齿，很美……

117

茶禅一味

秦安琪

鲜嫩的茶叶被采下来后，经过各种加工、煎熬后便成了袋装的散茶或是茶饼，几经辗转才能到我们手中。这时的茶已经除去了大部分的水分，憔悴而枯瘦。

取上一些茶叶，以沸水冲泡。若是那些瓜果蔬菜，不是被煮烂了，就是失去了原先光鲜的色彩。唯有茶，是经得起这种考验的。它讲究的是融合，将自己的精华一点一滴地渗入壶水中，将水变成了浓郁的茶。

茶香从紫砂壶里溢出来，是那壶盖盖不住的。茶香没有咖啡的香醇，没有酒的激情，它有的是一种淡雅的清香，包含着中国儒雅之道的气质。

微微倾斜那紫砂壶，一股琥珀色的液体缓缓涌出，像是在低低地絮语。渗入这芳香四溢的茶水中，沉淀在杯底的是时光的沧桑。

从容不迫地端起茶杯，抿上一口，茶香立刻在口中弥漫开来。温热的茶水裹着清香，流入心扉。口中仍留有的余香，让人心旷神怡、欲罢不能。茶给人的不是一时的快感，而是久远的回味，这就是它能流传近千年的原因。

历史上爱茶的名人甚多：郑板桥"白菜青盐糙米饭，瓦壶天水菊花茶"；杜甫"落日平台上，春风啜茗时"；欧阳修"西江水清江石老，石上生茶如凤爪。穷腊不寒春气早，双井芽生先百草"……不胜枚举。而茶的性格也往往在爱茶之人身上显现出来。郑板桥为官刚正清廉，辞官回家却"一肩明月，两袖清风"；杜甫忧国忧民，人格高尚；欧阳修年幼时家境贫寒，发奋苦读，他一生著述繁富，政绩斐然……茶禅一味，"平易近人，宁静淡泊"即为茶之禅心，品味人生路上的清香与苦涩。

以茶的方式，宁静致远，从容自若，心无旁骛，享受生活的美。

生活像花儿一样

王奕阳

我伫立在窗前，久久凝望着窗外那株被粉色包裹的樱花树。花瓣徐徐飘落，在空中旋转，飞舞，落地。那花瓣和着甜甜的清风，跳起了优美的芭蕾，跳进了我的心里。

我想，花一定是精灵，一切的纯洁、美丽都被那神奇的仙子融进了彩色的花瓣里。我捧起一片花瓣，感受它美丽的心跳，我似乎听见了大地的歌唱，看见了在粉色中荡漾的精灵的微笑。

我的外婆酷爱养花，所以我家的阳台是一片花的海洋：杜鹃、迎春、牡丹、郁金香……花儿们争先恐后地开放，美不胜收。我也很喜欢花。小时候一有空，我就会穿梭于花群之中，俯下身来，仔细观察，恨不得把一切美景都装进我的眼睛里。好奇的我经常会问外婆一

墙角数枝春

些有关于花的问题，而外婆也会很耐心地为我解答。

有一天，我正在阳台上好奇地看着一朵杜鹃花，外婆提着一把水壶走进了阳台，仔细地为花浇水。我问："浇水有什么用？"外婆笑眯眯地答道："傻孩子，花要是离开水，就会枯死的。所以，要想养好一朵花，就要无微不至地照顾它，为它浇水、施肥、捉虫。""噢！"我似懂非懂地应着。

而现在，我懂了，养花之道其实也是做人之道，我们就如同那一朵一朵的鲜花，也需要别人照料，这样才能够长得更加茂盛。那小小的花瓣中不仅蕴藏着美丽，更包含了无限的成材之理。古今中外，哪一个人才的背后没有周围人的支持？我们每个人都只不过是一朵花，开得盛一点，就证明"大家"对他的支持多了一些，对他的照顾仔细了一些。

思绪又被拉回从前。天气逐渐转暖，那朵杜鹃花竟枯萎了，干黄的花瓣耷拉了下来，失去了原来的青春活力。我一看到我心爱的杜鹃花枯萎了，伤心地哭了起来。外婆看到便走过来，拍了拍我的头，说："乖孙女，花总有枯萎的一天。尽管它现在谢了，但它曾经开放过，而且开放得那样耀眼，让大家领略到了它的魅力。来年，它一定还会开放的。""真的吗？"我含着眼泪问道。"当然了！"我摸了摸那朵杜鹃花，在心里为它祝愿，为它祈福。外婆看着我慈祥地笑了。

那窗外的樱花似乎在我的沉默中深思，花瓣依旧是那么迷人，那么美丽。在空中飘动着的花瓣，犹如一张张粉色的明信片，寄托了我对生活深深的期盼。让生活像花儿一样绽放，绽放美丽，绽放无限光彩！

半壁残墙

黄 琦

　　久负盛名的南宋太庙遗址原来就在紫阳山下，与我们的学校近在咫尺。太庙，该是一座庞大宏伟、金碧辉煌的建筑吧，那么小小的一块地方怎么藏得下？它是怎么从每天经过那里的我的眼皮底下悄悄溜过的？

　　踏着晨曦清露，走过被小雨打湿的石板路，穿梭在那看似摇摇欲坠的老房子之间，我的心里充满了疑惑……现在的太庙到底变成什么样子了呢？

　　一个广场，半壁残墙，几方草坪，数根立柱，这就是南宋太庙遗址？

　　没错，是在紫阳山下，雾中的紫阳山依然清晰可见，像一个巨大的背影。小心翼翼地绕开那巨大的浮雕，踩着青石铺成的广场，我慢慢地朝那堵黑乎乎的残墙走去。在我和残墙之间还有好些人，大多是附近的老人们，有三五成群聚着聊天的；有逗着小孙子心满意足地笑着的；有踢踢腿，弯弯腰，活络活络筋骨的；还有独自悠然坐着，吹着风的。恍惚之间，忽然觉得他们不是老人，更像一群天真的小孩儿，在属于自己的天地里，自由地嬉戏，那么自若，那么安适。

　　一晃，残墙已赫然立在我的面前。我试探着伸出手，去轻抚那墙面，湿湿的，又暖暖的，一阵风吹过，会有些微末飘下。墙是砖砌的，手感有些特别，那些砖早已被雨水和风磨去了棱角，粗糙中已能透出些光滑。

残墙的正面嵌着一块巨大的黑色花岗岩，上面细细地刻着还原了的南宋皇城平面图。历尽沧海桑田，南宋的历史遗迹都湮没在了历史的尘埃之中，仅存的遗迹也大都深埋在二三米的地下。太庙自然也不能幸免，辉煌的宫殿不在了，厚重的古城墙也不在了，余下的就只有后人用古砖拼凑的这半壁残墙了。

难道这一百三十多年的繁华，历经了七百多年的沧桑，留下的就只有这半壁残墙？

忽然，一阵清扬庄丽的雅乐飘来，赵构皇帝在百姓"遗民泪尽胡尘里，南望王师又一年"的悲愤中；在低眉顺目的宫娥小心翼翼地簇拥里；在云鬓高耸、披金戴银的后宫佳丽的搀扶下；身着精美华丽、贵气逼人的皇袍，向这太庙大殿走来，他要去进行三年一次的盛大祭典，这也是他修建这座太庙的目的……青铜礼器被夺去了，不要紧，我们还有青瓷的嘛；半壁江山丢了，没关系，无论在杭州还是汴京，能主持这庄严肃穆的祭祀大礼的人，还是我。那些威风凛凛的侍卫们都拿着锋利的长兵，有他们在，那些乱哄哄的臣民，是不敢越雷池一步。他们恐怕不能帮我击退南下的金兵，但挡开这些无知的愚民，保护我，保护这座皇城应该是不成问题的吧……

偷偷地混在拥挤的人群里，旁边的百姓们推推搡搡的，我不断踮起脚尖张望，想从那历史的缝隙中，多窥探一些古老太庙里尘封了多年的秘密……

突然，周围的嘈杂回到了我的耳中，我被从那场华丽、恢宏的旧梦中拉了回来。在迷离间，周围的一切反倒显得有些不真实。于是我退开了几步，想换个角度再看看这半壁残墙，忽然明白这不仅是一堵墙，更是一道门，我们的过去在这边，我们的历史在那边，那我们的未来又在哪边？它不仅是一堵墙，更是一条路，七百年来我们就是沿着这条路走到了今天，那七百年后我们又会走向哪里？

水知道，你知道吗

——读《水知道答案》有感

鲁林希

这本是我爸爸订购的书，我在一次无意间发现了它。当时也无事可做，又惊讶于老爸为什么会对科普一类的书感兴趣，便随手翻阅。

"水是生命之源"这一句话，想必人人都熟知，但是又有多少人敢相信，水能听，水能觉，水能读懂这个世界、这个大宇宙？

永远别以为只有智慧生物才会有思维，永远别觉得只有人，才能读懂科技。别一贯地打破自然的定律，起码，还有水知道。

以前，我一直以为，万物是由于无知，才保持了沉默。现在，我才明白，万物是由于明白一切，才保持了沉默。

窥探水的心，从中应该能看见自己吧……

根本没有想到，水能读。当看过"爱、感谢"的水结晶呈现在眼前，美丽，应该说是完美。别说是巧合，当实验室换了另一些国家的语言表示感谢，答案一致，完美的结晶。再看看"浑蛋"深暗的颜色，简直不能成形。

根本没有想到，水能听，它懂得接受欣赏，它懂得变得更美，但它也会生气，会为责骂而变形，它甚至懂得理解音乐。

一本书，并不是仅仅用来叙述水，人一生下来百分之九十是水，长大成人百分之七十是水，死亡之前百分之五十是水。

水受表扬会更完美，水又大幅度地充满人身，意味着什么？

水教人懂得赞美，让人懂得欣赏。

放下笔，倒杯水，当你凝视水的时候，水也在凝视你。

想一想，在哪里喝过矿泉水？

阿尔卑斯山脚？

清澈见底的溪旁？

蔚蓝的湖泊？

还是商场中货架上的矿泉水？

其实不论你回答了哪一个，都对，也都错。喝水时，那一刻的心是纯净的，水就是纯净的。永远记住，水能读懂你的心。

拿起水杯，先许个愿，再微笑地喝尽它。

同样，微笑地对待他人，让他人身子里的水美丽，也同时净化你的水。

水能听，水能看，水知道生命的答案！

南·北

周紫馨

在不可能的轮回中，刹那间。相遇。

南

我一直否定友谊的存在。不是我无情，只是那些东西，太虚假。不过是大人们骗小孩儿的童话罢了。

可阿北就不一样。

她太耀眼，或者说是与众不同。没有任何的做作，只是很简单地做自己，但，又如雾般猜不透。

我经常说自己很了解她。其实我知道，我对她根本就不了解。

阿北的房间，乱乱的，一看就知道是个没人管的孩子。她的父母很忙，经常要去俄罗斯的公司跑业务，而且常常两三个星期才回来。就是因为这样，阿北的性格才会有些冷漠，总是把自己与其他人隔绝起来。最喜欢做的事，大概就是自己一个人在被涂得花花绿绿的小房间里，静静地写着小诗。

我不了解她为何如此孤单，但总是不忍她孤单，自己总是扮傻逗她哈哈大笑。尽管真的很丢脸，但只要阿北开心，一切不都值得吗？

阿北的诗，我常常听不懂。这和智商无关，只是她过于成熟，我过于幼稚罢了。

阿北说，现在的生活，如果是一种舍予，那么我选择放弃；如果是一种快乐，那么我选择离开。

阿北说，思念，不过是支离破碎的回忆……

她的话，我每字每句都记得清清楚楚。虽不知道是什么意思，但是，听了之后暖暖的，很舒心。

北

午休起床后，往往是我最烦躁、最想哭的时候。因为我会想家。

阿南又何尝不是呢？但她似乎装得比我更坚强。

我牵着她的手，穿过学校的林荫小道。现在是冬季，我们俩的手都是冰冰的，牵在一起，那种感觉，很特别，就像触摸冰块一样。但心里，又是不一样的温暖。

风依旧刮着。很冷，让我想起了雪。然而南方是不会下雪的。从小都没看过雪，即使我叫阿北，天上还是不会有雪。但阿南虽叫阿南，却出生于北方，家乡几乎每年都下雪。因此，我总是哀求着阿南，叫她把雪描述给我听，而她也总会不厌其烦地说着。

想着，我拔出衣服里刚露头的羽毛。抽出，扔掉，再抽出，再扔掉。羽毛轻轻地飘向地上，很美。可越到后来羽毛越少，最后索性没有了。我默默地，有点想哭，可又哭不出来。

"阿北，你怎么了？"

"没事，真的没事，只是想……家。"

阿南不信任地看着我。"只是想家？"我知道，太简单的理由阿南是不会相信的。

"其实也没有完全是想家，还有想睡觉，想……"阿南笑了，"傻孩子，想这么多脑袋会破的。"我也笑了。我把手搭在她的肩上，索性成抱的姿势。"这样会不会更暖呢？"

阿南又笑了。

我也又笑了。

谁说南北不能相遇。

上帝，感谢你把阿南带到我身边。

在 这 里

付 雨

当我从母亲手里接过一包沉甸甸的行李时，当我匆忙地应付着母亲的嘱咐时，这预示着我步入了寄宿生活。在喜忧交加中，迎来了我生命的第一个转折点。

天啊！衣服怎么还没干？老天怎么可以如此捉弄我们这帮初学洗衣服的同学呢？说实话，洗衣服也是一件难事，你瞅瞅我洗衣服的场面就知道了。"只有五分钟了！"我们的时刻通报者们叫到。为了省时间，就用洗完澡的水来洗衣服。我拿起脏衣服就往水里放，用手揉了揉。"哎！借下肥皂！"小星说道。肥皂？糟了，我连肥皂都没用，我可真佩服自己！倒来清水，把衣服在手中摆弄了几下晾起来，看看自己的杰作，还另增添了一朵"黑花"。哦，生活的烦恼。

现在学习多紧张啊！就连平时我最喜爱的白色，也开始对它变得厌恶起来，那一张张试卷，一个个作业本不正是白色吗？"今天作业是完成练习第十课"，"拿出辅导练习册做完期中检测"……这都是老师布置的作业，虽说简单，但我到底该先做哪一门呢？我的课文还没背呀！今天可都得"结账"呀！

在这里最快乐的地方莫过于宿舍了，抱着大堆要交的作业，一进宿舍，把作业往床上一扔，人往床上一躺，便有说不出的舒服。今天终于可以休息了，心里就有美美的感觉。

在这里最妙的莫过于考试取得好成绩，看着老师肯定的眼光，同学们投来羡慕的眼神，自我欣赏一番那被鲜红的对钩布满的试卷，一种巨大的成就感便油然而生。

在这里，我们不仅要克服生活上的困难，而且还要摆脱学习上的压力。我们唯有全身心地投入，才能以骄人的成绩，展现自我的风采，抒写崭新的未来！

开学第一天

郭新宇

假期结束，来到久违的校园。进入校门，同学们身着的校服像一簇簇燃烧的火焰，映入我的眼帘，这就犹如学校的校训一般——"你行，我行，我们都行"。

随着那一声清脆的上课铃，各科老师走进教室上课。同学们都端端正正、安安静静坐在教室里迎接老师上课。随后悦耳的读书声在清晨的校园朗朗响起，让每个来新元学校的人为之一振。

铃——下课铃响了，同学们井然有序地走出教室，准备做操。新元学校做操那可是一个字——"齐"，这就更能体现出同学们的学习棒、身体棒的特点。优美、充满动感的预备音乐传进每位同学的耳朵，更透出一股力量。踏步走的声音整齐而有节奏，这展现出同学们认真、严谨的素养。一列列整齐的队伍就像一簇簇燃烧的火焰，十分抢眼。整齐的队伍似乎有一股抵挡不住的气势，不管是从哪个角度去看，都成一条直线，那是一种美的展现。做操的音乐响起，同学们跟着节奏，手臂伸展有力，透出一股青少年的活力和激情。做完操，同学们迅速靠拢，真是快、静、齐。带出操场时，井然有序，高年级同学礼让低年级，同学们的优良品德在学校里随处可见。

自习课上，同学们不说话，不打闹，安静有序，这好比天生俱来的习惯，每天都是如此，从建校至今从未改变。

行、走、坐、立、站，每一个好的习惯，在我们身上都能体现得淋漓尽致，体现出别样的美感，就连车棚这样小小的校园一角，都有严格的自行车摆放规定和班级分区，这样一个小地方也都是那样干净整齐。不管大车和小车在车棚里一放，车的尾部就似一条笔直的线。所有的这一切，就像学校倡导的作风一般，不可动摇。

可爱的学校，一处充满着欢声笑语的殿堂，一处助你成功的基石。以学生为主，一切为同学着想的学校，"你行、我行、我们都行"的校训是多么充满自信、奋进和希望，像热情、奔放的火把，引导我们去追寻梦想。

努力吧！同学们，为我们的新元再增添上更加绚丽、精彩的一笔！

一块巧克力

李　响

一天晚上，我放学回家，家中空无一人。我在茶几上发现了一块德芙巧克力，巧克力下还有一张小纸条。我拆开一看，原来是妈妈留下的：儿子，妈妈今天因为要加班，很晚才能回来，茶几上的巧克力是给你买的，吃了就去休息吧。

正当我准备把巧克力撕开时，我停下了，妈妈整天在外面奔波，很少有时间休息，听说巧克力吃了能补充能量，那我何不把巧克力留下来给妈妈吃呢。于是我放下手中的巧克力，然后也写了张纸条：妈妈，您辛苦了，巧克力留给您吃。

第二天早晨，我起床后发现妈妈早已去上班了，可巧克力却依然放在茶几上，只不过下面又多了一张纸条：儿子，你学习也很辛苦，你现在是长身体的时候，巧克力还是你吃吧。不然的话，气温一升高，巧克力就融化了。我看了看这块巧克力，心里暖烘烘的，这块普通的巧克力不正凝聚着妈妈对我细腻的爱吗？于是我又在纸条上写上一句话：妈妈，晚上回来后我们一起分享这块巧克力。写完我就背着书包上学去了。可谁知，当我晚上回家时妈妈还没有回来。奶奶告诉我妈妈出差了。茶几上的巧克力、纸条和我一起等着妈妈回来。

一天过去了，两天过去了，巧克力和纸条依然静静地躺在茶几上……第三天晚上，一阵敲门声终于响起了，我迫不及待地跑去开门。果然是妈妈。我激动地说道："妈妈，我们一起分享这块巧克力吧！"我从茶几上小心翼翼地把巧克力拿起来，慢慢地将外面的包装纸撕开，可我发现，巧克力已经变得软绵绵的。这时，我懊恼地看着妈妈，尴尬地说："妈妈，巧克力已经融化了。"妈妈欣慰地看着我，并摸着我的头高兴地说道："一块巧克力化了没关系，这巧克力让我发现我有个孝顺的儿子。来，儿子，我们一起把它给吃了。"

我和妈妈一起幸福地品尝着软绵绵的巧克力……这块普通的巧克力经过我和妈妈的相互推让，变得不再那么普通，因为在它上面凝聚着我和妈妈之间深深的爱。

商　机

张　鑫

在故事开始之前，先来介绍一下主人公——安格斯·杰米，有钱的绅士。他曾是唐人街一带最富有的人之一，几乎没有一位女士不想结识他。现在，这位气派的先生却再也笑不出来了，他的公司正面临着破产的危机。这无疑是一个致命的创伤。

现在是三月，天气正好，来市中心旅游的人出奇得多。安格斯走向高举圣杯的自由女神像——为了去看自己的一个老朋友——阿茨图伯。

他很快便在附近找到了老朋友的店铺。刚好看见这位朋友一张油光发亮又被笑容挤成一团的脸，两撇英格兰式的小胡子欢快地上下跳动着。他正舒舒服服地靠在从泰国运来的古木椅上，仔细数着刚从柜子里拿出来的绿色钞票——还是老样子。

安格斯走了过去，张开手臂大声地说道："啊！老图伯，又见面了。"

阿茨图伯显然被这突如其来的惊喜吓坏了，两只细细的眼睛瞪得仿佛要撑破了脸。那两撇小胡子也不跳动了，乖乖地靠在鼻间，钞票也撒了一地。"噢！天哪！老杰米你怎么来了？"说着也顾不得捡票了，亲切地抱住了这位昔日的朋友，埋怨似的说道："安格斯，最近上帝亏待你了吗？怎么会光顾我的小店呢？"

于是，安格斯就把自己如何破产，又如何找到他的经历说了一遍，并表示希望能得到这位老朋友的帮助。

这时，阿茨图伯静静地点了一支烟，显然没有了之前的热情，却故意压低声音说："我很想帮你，但我不得不告诉你，这实在是太糟了！不过我倒是知道了一个秘密，这也许能帮到你。"

说完，阿茨图伯平静地喝了一口茶，突然又很慌张望了望四周，把嘴贴在安格斯的耳边说："据我所知，美国现在出现金融危机，资金链出现极大的短缺。这可是件很严重的事。唯一能解决问题的方法就是卖掉自由女神像来填补资金的空白。这虽然听起来很荒唐，但事实就是如此。我可以很荣幸地告诉你，政府已将自由女神像的产权与贩卖权授予了我，这可是很荣幸的事。但这是机密，国家机密，是一定要保密的。"

"那你为什么要告诉我这些？"安格斯心中很疑惑。

"伙计，这是商机。我们可以从中谋取暴利，你可以解决自己的公司危机，我也可以将自己的商店开大，何乐而不为？"

安格斯想了想还是不放心，但正想说什么，又被阿茨图伯的几句话给顶回去了。"伙计，听着，作为老朋友我是想帮你，可是想交成这笔交易的老板有好几个，你如果不要，那我就把机会让给别人了。"

安格斯又想了想，最终还是点头了。

第二天，他应邀和几位共同的投资商一起参观他们伟大的自由女神——一个即将被卖掉的雕像。安格斯看了看那几位老板，长得还是那么一回事，可……他没往下想，跟随着他们随便转了转，抓紧了自己的皮包——里面有一亿美元的钞票，当然是卖掉了他的全部家底，包括房子。

阿茨图伯和几位老板在雕像附近的一间小房子里坐着，压低了声音说："先生们，请吧！"于是大家各自纷纷拿出了自己的钱，阿茨图伯一边将钱装进一个麻袋里，一边对他们说："你们都是聪明人，掌握了商机。以后自由女神像就是你们的了。"说完便大步向门口走去。

先生们你看看我，我看看你，一个个发话了："我想应该把他叫作安格斯·杰米像。""我想我们可以在像下建一个收费站，每个来看自由女神像的人必须交费，否则就不许拍照。""不错，朱，你还是挺有头脑的。这样我们赚的钱就更多了。""为我们美好的明天干杯！"

这伙人说干就干，第三天就挂横幅，要收费。结果把警察招来了。"你们在这干什么？""先生，我已经买下自由女神像了！"安格斯大声地说道。

被风吹过的夏天

　　夏夜，我最爱依偎在你的怀中，和你一起看星星。在你的讲述下，我认识了北斗星、牛郎星、织女星，也知道了许多美丽的神话。

被风吹过的夏天

何 谐

夏夜，清风徐徐。月光透过稠密的树叶丝丝缕缕地洒下来，在地面铺上了一层斑驳的碎银。微风中，望着一地"星星"，我又想起了你——我的外公。

很小的时候，我就在你和外婆身边。夏夜，我最爱依偎在你的怀中，和你一起看星星。在你的讲述下，我认识了北斗星、牛郎星、织女星，也知道了许多美丽的神话。你轻摇着蒲扇，眯起眼睛，指着天上的繁星，告诉我："天上的每一颗小星星，都代表地上的一个小朋友。那颗最亮的星星，就是我的宝贝外孙女喽！"说着，你便笑了，笑成了一朵欢乐的花。

后来，我回到了城里，只在暑假才能回来看你，你依然陪着我跑，陪着我闹。吃完晚饭，你拉着我去捉萤火虫。"呀，我捉到了！""不行，这是我的，快给我！"小河边飘荡着我们快乐的叫声与笑声。微光里，你眼里的欢乐渐渐溢出，溢上了一道道皱纹，溢满了一根根白发……看起来依旧健硕的你，已经渐渐老去，我却从未留意。

造化弄人——你中风了。

如今的你，已失去了说话和行动的能力。每次去看你，我才真切地知道，我再也无法看到你忙个不停的身影，无法听到你溢满爱怜的声音。于是，我们的角色颠倒了过来。夏日的夜晚，我用轮椅将你推出小屋。有时，我为你描绘城市的星空；有时，我为你唱起你最爱的老歌；有时，慢慢为你梳理花白的头发；有时，轻轻为你揉捏瘦弱的双肩……我看到，你那眼睛里，闪动着欣悦的光芒……

微风起，夜色浓。我该回去看您了，外公。

卖冰棍的紫衣阿姨

詹紫荆

我的家乡是一个宁静的小村子，里面大约只有一百来户人家。每栋屋子都是黑瓦片、水泥墙、两层楼高的阁楼。纵横交错的房屋高高低低挤在一堆，在夕阳的余晖中，硬是有了一种"艺术"的气息。

记忆的时光里，我印象最深刻的是村子里卖冰棍的人，只要我们村子的学校一下课，他们就会从一旁窜出来，形成一个小小的"超市"，接着，一声一声的吆喝声会传入耳里。"卖冰棍喽！"这是习以为常的事情了。但在我的记忆深处，最有感触的却是一个卖冰棍的紫衣阿姨。

每当夕阳西落时总会出现一个踏着余晖而来的紫衣阿姨，然后听到一个悠远嘹亮的嗓音传过大街小巷，"卖冰棍喽！"接着，就会有一大群人涌上去。

她和其他卖冰棍的不一样，她不会因为下课、放学学生多而改时间。一件事情让我对她有了深刻的印象。

那天，天气阴沉沉的，看不到美丽的夕阳。在刚放学的街道上，

137

除了急急忙忙往家赶的学生之外，没有了往日挤成一团的卖冰棍的叔叔阿姨们，也没有了往日热闹的吆喝声。

我边往家赶，边在心里想：这么个鬼天气，紫衣阿姨肯定不会来了。刚到家里，天就轰隆隆地打了几个闷雷，我轻轻地吁了一口气。幸好到家了。

"快点去楼上把窗户关上。"奶奶急匆匆地从厨房冲了出来，她望了望外面的天空，说道："唉，如果有人还没有回到家的话就惨喽！"

奶奶的话让我不禁放在了心上。如果紫衣阿姨还是像往常一样来了，那岂不是要淋雨了？但是这个想法很快被我抛到脑海外，谁会为了那几块钱的生意去淋雨啊……想着，我便走上了二楼。

"卖冰棍喽！"一个熟悉的声音又传入我的耳中。

我迅速推开已经被我关上的窗户。窗外，一抹紫色的身影立在风中，她的身体看起来那么弱小，但是她却在风中依旧微笑着。

下起了大雨，她的头发在雨中粘在了一起，湿漉漉的，贴在额头上。我关上窗户，冲下了楼。

"卖冰棍喽。"紫衣阿姨一见我出来，立刻扬起笑脸。我见到她唯一带的一把伞正撑在那个泡沫箱子的上面，防止雨水滴到。

"阿姨，你为什么下雨还来这里啊？"

"我觉得这个是我的工作啊，你有见过下雨就不工作的人吗？"她嘿嘿地笑了一声，十分淳朴地说道。

我对她的想法彻底改变。原来，她不是仅仅为了赚钱而每天准时来到这里，而是因为责任。

我从来没有在她这里买过冰棍，但是今天，我却很想买一根来尝尝。

"我要一根冰棍，阿姨。"我拿出一块钱，递给她。

"好，好。"她乐呵呵地接过钱，将干净的泡沫箱打开，里面的冰棍整整齐齐地摆放着，还散发着阵阵冷气。

我将冰棍放入口中，虽与其他冰棍的味道一样，但是我却尝到了

童年·茶香·小书阁

刘秦辰禹

小书阁并不特别小，是爷爷对自己书房的雅称。

每天爷爷都要进小书阁，泡上一杯龙井茶，边品茶，边读书，里边不仅是茶香袅袅，更有书香缕缕。

爷爷从不让任何人进入他的小书阁。每次离开总要用一把锁将门锁住，把钥匙小心翼翼地放入抽屉才罢了。只有奶奶每天进去一次，把报纸放在书案上，我才有机会跟着溜进去一会儿。爬上爷爷的圈椅上装模作样地翻动着爷爷的书，戴上老花镜天旋地转一会儿便摔到地上，拍拍屁股又去玩爷爷的放大镜，四处照看。但只一会儿，奶奶便把调皮的我"轰"了出来。

小书阁四壁是三面巨型的"书墙"，从地面直到天花板的巨大书橱只有窗户是露出来的。窗外一棵高大的法国梧桐伸出的浓密树叶，使阳光斑斑点点地落在一个宽大的古香古色的书案上，显得格外舒适，幽静。

爷爷常坐在一把椅子上读书，这是一把老式梨花木圈椅，应该说有些年代了吧。漆几乎掉光了，椅背上也破迹斑斑，但依然拥有优美的线条，扶手上刻着"三鹿嬉戏"图，风味犹存。爷爷看书时会把眼镜摘下来，品一口茶，让茶香沁满心脾，在口中回味。

得知爷爷要出远门，哈哈，这次，我可有得看喽！

爷爷刚走，我就拉开抽屉，取出钥匙，进入了小书阁。

我坐进爷爷的老式木椅，这儿看看，那儿摸摸，溜进厨房，给茶具加满水，不一会儿，透明的水壶里就涌起了串串水泡儿，白色的水蒸气呼呼地窜出壶口。我也学爷爷的样子，从竹筒茶叶罐中捏出一小撮茶叶，放进白瓷杯里，干枯的茶叶不一会儿就泛起了一圈淡淡的绿色，缓缓地向四周扩散，晕染，叶片瞬间就恢复了生机，茶水也开始有了颜色……

从书架上抽出一本《三国演义》，装模作样地翻了翻。我看到了关羽温酒斩华雄，曹操败走华容道，周瑜火烧赤壁……一股豪迈之情冲上心头，汹涌澎湃，忍不住手臂一挥，想象着我指挥的千军万马冲锋陷阵，兴奋之情化做热血直冲脑门，情不自禁地向前猛击一拳，打倒了茶杯，茶水一下子就涌到了书上，我也一下子从阵地上回来了，望着湿透了的书，幼小的我惊恐万分，把书又放回书架，急忙离开了小书阁，当作什么事儿也没有发生。

我的秘密很容易就被爷爷识破了。

我站在爷爷面前，听候审讯，但结果却出人意料。

"读书吧，孩子！"

一句话为我打开了小书阁的门。不安顿时化做惊喜。

我轻轻地拿起书本，听从这声音的召唤。

从此，我走进了小书阁，也走进了书的海洋。

从此，在这个世界上我有了一个真正的朋友，书成了我无话不谈的朋友，那时的我高兴极了，小书阁也有了我的一把小椅子，成了我每天必去的地方。

时光如梭，转眼间，我已经是一名初中生了，去小书阁的机会也越来越少了。

小书阁窗外的梧桐叶密了又疏，疏了可以再密，我的童年却一去

不复返了。偷偷溜进小书阁煮茶的傻事儿我是不会再做了。

可是我是多么怀念小书阁中缕缕的书香和缕缕的茶香，那一个个静静的午后，茶叶在水中舒展舒展……童年仿佛又重现。

错过的美丽

赵颖顾

周日放假，到楼下去写生。

画的还是院子里的那座亭子。虽是旧景，却从中悟出了新境。记得上次来此写生，时值严冬，来写生纯粹是为了打发时间。只是坐在亭下的石椅里，一点点用铅笔勾画它那些复杂烦冗的吊顶。

于是画面就变得拥挤压抑了。

而今天却是有意而来，又正值阳春三月，天气虽还有点寒冷，却已是满眼的绿意。坐在亭前写生用的小马扎上，望着檐角飞起的蝙蝠，雕花的石凳，我顿感心胸开阔。

于是画面就变得明朗开阔了。

我摆好画架，支起画板，拿起笔打算开始作画。可此时我却被眼前的景象惊住了：刚沐浴过一场春雨，正陶醉在春风里的亭子，在周围细柳的陪衬下，此刻显得格外柔媚，却又不失雅致。

若说我上次画的是深宫里的妃子，那么，这碧叶丛中的亭子，就是南国水乡里的少女吧。它是那样的柔媚秀美，温婉动人。

我痴痴地看着这座非常熟悉而今又备感陌生的亭子，手中的画笔不觉掉到了地上。

真是没想到，这座陪伴我走过六年春秋的亭子，也有未曾发现的美丽。我拾起画笔，兴致勃勃地完成了写生。然后收拾东西回家，躺在床上，静静地冥想着。

记得有一次陪妈妈到老街去买菜，在那里碰到许多儿时的玩伴和小时候对我关怀备至的阿婆，还有很多曾经熟识的，现在却叫不出名字的面孔。忽然觉得老城里有许多儿时珍藏的记忆。以前总觉得老街是一个有着烂菜叶味、横流的污水，而且治安很差的地方。而现在我才明白，那些老地方里藏着很多你平常并不在意，却又难以割舍的情愫。因为那里有让你的心温暖的东西。

其实生活本就如此，有些人、有些事，在你匆匆走过的生活中，也许未曾留意，或是藏在某个角落，在你蓦然回首时，却发现他们是如此美丽。

142

大自然的拥抱

李佳佩

只要你用心去感受，大自然就会向你敞开最绚丽多姿的怀抱。

——题记

最近放了几天假，这可是亲近大自然的大好机会，我和伙伴们迫不及待地奔向了大自然的怀抱。

大自然的拥抱最舒畅。我们踏入小溪，互相泼着清澈的溪水，溅得身上一片清凉。我们漫步小溪，享受着脚底触碰溪石的圆润，享受溪水划过脚肚的轻快……我们在溪水中欢笑着、追逐着，悦耳的歌声融入淙淙的溪水，一直流向远方……

大自然的拥抱最美丽。"太好看了，快看！"随着伙伴的欢呼，我们看到了不远处一座山上漫山遍野的野花。我们不约而同地往山上冲去。不一会儿我们就好像置身花的海洋，这些花在风中摇曳生姿，尽情地向我们展现她的美丽与风情。看那白的小花，纯纯的、柔柔的，那一袭的娇羞让人备感娇嫩。看那红红的花儿，浓而不烈，让人惊艳。再看那紫色的花，修长的枝叶高傲地舒展，那样优雅而不可一世。在这花海里流连忘返，我们忘记了疲劳，忘记了烦恼，忘记了那繁重的学习，我们只是尽情地享受着大自然的美好。

大自然的拥抱最神奇。下了山，我们走进了一片小树林，一只小松鼠从这棵树一下就窜到那棵树上，好奇而又惊恐地打量着我们这些不速之客。不一会儿，不知从哪里又蹿出一只小松鼠，两个小家伙并排蹲在枝丫上眨巴着眼睛看着我们。我们压低了声音，放慢了脚步，轻轻向两个小家伙挥手示好。它们好像也感受到了我们的善意和友谊，不再上蹿下跳，而是静静地向我们观望。我们告别小松鼠继续前行，耳边不断传来清脆的鸟鸣，抬头望去，可见许多鸟儿在枝头雀跃。我们停下脚步，闭上眼睛，静静地听着这动人的交响乐……

不知不觉已经是夕阳西下，日暮里我们的心感受到了前所未有的宁静。是大自然给了我们无尽的美的享受，愿这世上一切美好的东西都能天长地久！

被风吹过的夏天

永不言弃

文 旭

树苗因经历风雨而长成参天大树，小草因经历风雨而变得坚强，小溪因经历风雨而汇成海洋。

人生之路多坎坷，对于我们学生来说，这种"坎坷"大部分来自于考试。

新开的物理课程有点难度，几次都考得不太理想，我有一种挫败感。

第一次考试成绩很不理想，我对自己说："人有失足，马有失蹄。没关系的，下次细心点儿呗。"第二次还是不如意，我想："人生就像一条抛物线，有高潮，有低谷，也许我正处于低落期吧。"第三次"涛声依旧"，我问自己："是上课没听好，笔记没做好？还是……唉！"

周末了，坐在书桌前，我呆呆地看着窗外，正好看到那棵和我家相伴多年的不高不矮的树的顶部。我静静地看着它，它也静静地看着我。偶尔，一阵风吹过，它向我晃晃脑袋，我深深叹了口气。

晚上，我正在"题海"里遨游，突然，窗外"噼里啪啦"响起来，就像一把豆子猛地扔到地上。我打开窗户，雨下得好大好大，那棵树在风中摇摇摆摆，雨滴似子弹般无情地击打着树干，击打着那脆弱的叶子。那棵树傲然挺立着，在风雨中似乎比往日更加挺拔。

我看到这一幕，我似乎懂了……

第二天早上，我不经意间看了看那棵树，简直不敢相信自己的眼睛。那是多美的一棵树啊！嫩绿娇小的叶儿藏在枝丫间，绿得那么可爱。

不经历风雨，怎么见彩虹。风雨中，让我们朝着自己的梦想，像大树那样，以不屈的姿态迎接那道属于自己的彩虹！

美 好 时 光

刘　琼

外婆住在乡下。

外婆家的土墙上，有久逝的外公题写的"玲珑堂"三个大字，经历风雨沧桑还依稀可辨，可以想象外公年轻时的智慧与才气。

清晨，当太阳把金色的光辉撒向大地时，外婆家灶间的饭桌上就有一锅热气腾腾的早饭在等着我们。

每次，我就算醒了，也会很自然地闭着双眼，享受那一刻的懒散与满足。看见窗外已是一片光亮，我仍喜滋滋赖在床上不肯下来。这时，外婆会说："两个懒家伙，我把饭热了两次了，再不起床就没了啊。"我会马上跳下床，依偎在外婆身边，贪婪地吃着香喷喷的早饭。

吃过早饭，又看不见了外婆的身影。她就是闲不住，不用说肯定是下地去了。于是,我和表姐争先恐后地奔向那片土地。

外婆很勤劳,只身一人也照样能使荒地变成一片金黄。

玉米地里,一个个胖乎乎的玉米棒子,紧紧挨着,惹人怜爱。一阵风吹过,玉米弯着腰晃了晃,裸露的玉米粒在阳光下发出道道金色的光芒。那缠着根根茎须的玉米棒子,俨然一个蓄着胡须的谦虚学者。

那不是外婆吗?外婆从浓密的玉米叶中探出满是银发的头。我们赶紧上前帮着外婆摘玉米。看着我们两个笨笨的样子,外婆笑得合不拢嘴。

那是我的一段美丽的时光,记忆里,总有外婆的身影,还有一个个甜美的梦。

我的第一笔稿费

王一朵

"哗啦哗啦",我左手拿着电话,右手使劲儿扇着一百元的票子,在洋洋得意地向妈妈报喜:"喂,妈妈!我的环保征文得奖啦!这就是奖品,你听听!"电话那头的妈妈莫名其妙:"什么东西呀?"我按捺不住激动的心情,冲着电话喊道:"是一百元!我的第一笔稿费!"

放下电话,下午领奖时的那一幕又浮现在我的眼前……

下午,老师带领我们四名获奖的同学到环保局去领奖。坐在台下，我的心"扑通扑通"地跳个不停，就像怀中揣着一只调皮的青蛙，忐忑不安。心中不由地胡思乱想起来：万一我明明没得奖，我却跑过来，岂不是丢脸丢到家了？我转念又想：如果颁奖时把我名字漏了，那该如何是好呀？我又伸长脖子向主席台上瞅瞅，心中嘀咕道：奇怪！怎么只有荣誉证书，而看不见任何奖品呢……

　　"下面开始颁奖！"我的心又悬了起来，竖起耳朵，生怕听漏了"王一朵"这三个字。"王一朵同学的《新能源电池诞生记》被评为环境保护优秀征文！"我的心一颤，这是真的吗？我简直不敢相信自己的耳朵。"快点上去呀！"旁边的老师见我待在那儿发愣，催促我赶快上台领奖。我这才回过神来，向主席台奔去。我手捧闪着金光的荣誉证书，那一刻，所有的苦呀累呀，全都烟消云散……

　　走下主席台，我有点儿纳闷，到底是怎么回事？真没有奖品呀！哎呀，这环保局也真够抠门的！正当我低声抱怨的时候，夏老师笑眯眯地走过来，递给我们每人一百元，说："这可是环保局奖给你们的稿费，收好了！"

　　吃晚饭时，妈妈问我打算如何有意义地用这钱，我思索了一会儿，说："我决定拿出五十元来作为班费给贺老师保管，因为我的成功有贺老师的一半功劳，另一半钱我想留着买两本好书，因为只有多读好书，我的写作水平才能不断提高。这是我的第一笔稿费，我以后要像冰心奶奶一样，当一个大作家！"

147

难以忘却的坚持

闫　正

　　一年一度的春季运动会即将拉开序幕。看着同学们热火朝天地报名，我心中却不怎么兴奋，因为我的体育一向不好，通常只负责写写稿子。而我却不知，这次运动会让我受益终生……

　　报名工作渐渐接近尾声。这天，班主任马老师找到我，说："这次的女子一千五百米没有人报名参加，你去试试吧！"一千五百米？天哪！这个消息对我来说真是个晴天霹雳，我怔了半晌，慌忙答道："马老师，体育不是我的强项，而且我的耐力也不行，您还是找其他同学吧！"马老师笑了笑："就尝试一下吧！"说完就在报名表上填写了我的名字。

　　回到家，我很郁闷地把这件事告诉了爸爸妈妈，想让他们帮我退掉那该死的一千五百米，哪知道爸爸一拍桌子："这是对你的一次非常可贵的考验，怎么能退呢？一千五百米，必须跑下来！"一边的妈妈也赞同地点点头，我自认倒霉。

　　离比赛只剩一个星期了，我只好临时抱一抱佛脚了。放学后，我来到操场。看着红色的操场跑道，我不禁吸了口凉气——得跑上整整五圈！我一咬牙，一跺脚，扔下书包开始跑。

　　一圈，我呼吸平稳，步伐矫健……两圈，我稍稍有些气喘……

三圈，我的步子越来越沉重……四圈，我感觉跑道上仿佛铺满了强力胶，每一步都那么吃力。我感觉自己像一叶在大浪中挣扎的小舟，随时都有可能倾覆……第五圈，那终点是那么遥不可及，我心中默默地念着："坚持！坚持就是胜利！"十米……五米……一米……我成功了！如果有力气的话，我真想高声为自己喝彩，可此时，我却连动一根手指的力气都没了。但，一千五百米，已不是想象中的遥不可及。

接下来的日子里，我每天放学后跑一千五百米。渐渐地，跑下来感觉没那么吃力了。

"砰——"一声发令枪响，我与众多选手一起开始了一千五百米的漫漫征途。她们当中有参加市运动会的健将，看着那些飞速奔跑的强者，我顿时产生了一种无力感。眼看一个个选手从我身边越过，我真想停下算了。与其跑最后一名，不如趁早放弃。"王一朵，加油！加油！"是我们班的同学、老师！莫名的，仿佛是从心底里升腾起一种力量，这种力量，激发着我的潜能，我开始不顾一切地向前冲。最后一圈，我"力挽狂澜"，接连超过了四名选手，获得了第十名。

149

这一次，我懂得了什么是坚持；这一次，我懂得了什么是拼搏。

菜市场剪影

黄千育

菜市场应该是众人所熟悉的，那里除了叫卖声、讨价声，还有许多有趣的剪影，下面就为你展示几段。

水 果 铺

在一家水果铺里，有一个特别挑剔的女顾客。她接过老板娘递的袋子开始挑起了橘子，只见她拿起了一个橘子东看看西瞧瞧，指着橘子上一条小小的裂缝说："看看，这橘子真不合格。"于是将那个橘子往边上一丢，又抓起了一个苹果，看了看都还满意，刚想放入袋子，突然眼角瞥见了苹果的底部有一小撮泥，马上扔开苹果，满脸的厌恶："啊哟哟，怎么那么脏呀，这是水果哎！"她左挑右挑，不是嫌这个长得"歪瓜裂枣"，就是说那个外皮不够亮不新鲜……结果挑了老半天，也没挑出个中意的来，站在一旁的老板娘见状，笑眯眯地拣了一颗冬枣，递到女顾客的眼前："大姐，你看看这冬枣，细皮嫩肉的，香甜可口，尝尝吧。"女顾客停止了手上的动作，把手伸得长长的，眼斜过来，边吃边说："哟，这还差不多。"盯着冬枣，眼珠子都快要暴出来了，一句话也不说，麻利地拣着又新鲜又干净的冬枣……老板娘这才默默地整理好乱七八糟的水果摊。

海 鲜 铺

看，一个年轻的妈妈带着她那淘气的儿子在一家海鲜铺买贝壳。趁妈妈正在挑贝壳的空当儿，小家伙跑到养着小鲤鱼的塑料盆边，眨巴着眼睛好奇地看着盆里可爱的小生物。看着看着，他似乎觉得不过瘾，于是踮起脚，一只手拽着盆的边沿，一只手在水里搅来搅去，搅得盆中的小鲤鱼逃来逃去，以为要有杀身之祸了，弄得"鱼心慌慌"。小男孩儿大概觉得好玩，脚拼命往上踮，手也拽得更紧了，只听"哗"的一声，连盆带鱼还带人全部翻到了地上。正在挑贝壳的妈妈和老板看到了，慌忙跑了过去，妈妈是奔向孩子，老板却是奔向

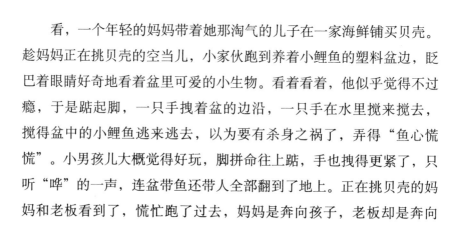

他的鱼和盆，可怜的小家伙啊，湿漉漉的头发上，还跳着一条小鲤鱼呢！

青 菜 铺

这一段是发生在一家青菜铺里的故事。一个年轻女孩儿在青菜铺里挑青菜。当她拿起一株水嫩嫩的青菜满意地往袋里放时，突然尖叫一声，将菜往菜堆里丢。原来，她在菜叶上发现了两条正在蠕动的大青虫，女生毕竟胆小，所以做出这样的举动也见怪不怪。老板娘闻声赶来，我以为老板娘会把那两条可恶的虫子送入"鬼门关"，可谁知，她也害怕极了，最后只得连虫带菜一起丢进了垃圾桶。而那女孩儿唯恐这些菜都被虫子污染过了，将挑好的菜往菜铺一扔，离开了。老板娘不仅没赚到钱，还损失了一株菜，郁闷极了，一顾客见状打趣道："哈哈，那虫子是高蛋白嘛，吃了又营养又实惠。"耳听得有人嘀咕道："卖菜还怕虫子。"

菜市场其实蕴涵着许多有趣的片段，等着你用善于观察的眼睛去发现呢！

我家糗事一箩筐

许波恒泰

我家有五个常住居民，一个是我，一个是爱收拾东西的老爸，一个厨艺高超的老妈，一个耳朵不好使的姥爷，一个身体倍棒吃嘛嘛香的姥姥。这么一家子人凑到一起，糗事自然少不了。虽说家丑不可外扬，可我倒是觉得家里有丑是一个家庭幸福的象征。

记得第一次糗事发生在二年级，老师刚发了一本数学卷子当练习，我回家写完后忘了收拾便到楼下去玩了，回家的时候头上已经是戴着依稀的月色。到了家，看到自己的小桌子干干净净一尘不染。"可是之前应该放了什么东西在上面吧？"一丝不好的感觉悄悄袭上心头……"老爸，你是不是把我的卷子扔了啊？"当看到这位老爸漫不经心地点了点头时，我差点疯了，天哪！这是什么嘛，连作业都有扔的！

还有一次妈妈破天荒没有加班，准备回家给我们做期盼已久的大餐，妈妈掌勺，姥爷给她打下手，炒到一半时该放最重要的调味料了，可手机不争气地响了起来。老妈只好让姥爷来完成这最关键的一步。临走前叮嘱道："我已经放了盐和醋了，光放点儿料酒和味精就行了。"可是到了品尝时间，那菜的味道已经无法用语言形容了。埋怨姥爷时他却说："说得那么小声谁听得见啊？"可实际上在屋子里写作业的我都清清楚楚地听见了。可这又能怪谁呢？只有怨那双不争气的耳朵了。

最近家里换了数字电视，又增加了不少频道。可是我们一家子最热衷的则是搏击频道。不过看多了的后果就是家里的人都变得有一点"暴力倾向"了。这其中最狂热的搏击迷不是别人正是今年七十五岁的姥姥。别看她年纪大，到现在为止打遍家中无敌手，号称"独孤求败"。每次一回家她都要和我来场比赛。而结果也总是惊人的一致，每次都是被她抱住，按在沙发上，然后被她来个极其不标准的"断头台"……最后旁边的老爸或者老妈就会幸灾乐祸地补上一句："老刘第一回合降服对手获胜。"这时她便会心满意足地离开。

这就是我的家，一个时时刻刻充满欢声笑语的地方，一个处处洋溢着青春之风的地方。这就是我的家，一个温暖的避风港，一个糗事层出不穷的地方！

上海的早晨

陈诗妮

在我家所在的小区里住着不少上海本地人。众所周知，上海人生活讲究、勤俭节约，是那种精打细算过日子的人。上海人心眼儿不坏，但也绝对算得上是"门槛精"。而这种性格在上海阿婆们的身上可以得到充分的体现。

在冬日的早晨，天虽冷，但阿婆们在七点钟左右就会准时起来，和事先约好的朋友一起出去买早点。她们穿着厚棉袄，鼻子以下的半张脸全部被围巾裹得严严实实的。头上戴着帽子，脚上蹬着晚辈们不要的旧运动鞋。这些衣物虽不算新，但都被阿婆们洗得干干净净的，还透着一股淡淡的肥皂香。阿婆们把自己捂得严严实实，却还是三三两两地抱怨着寒冷的天气。

早点摊前，等候买早点的人不断探出头望着前面的大油锅，手里紧攥着钱。那热油滚滚的锅里翻腾着各式各样的早点。油条、大饼，应有尽有。轮到阿婆们买早点了，她们会指着自己要买的东西不断地要求："炸得老一点！""袋子分开装。"这样的话不时响在别人耳边，引得后面排队的年轻人不断咂嘴。

盛豆浆的大锅放在另一边。豆浆烧开后，随着锅盖的掀起，一股热腾腾的冒着豆香的白烟扑面而来。把一块五毛钱丢进店主的白色搪瓷碗，店员便会掂起勺子给你盛上一碗豆浆，不多不少，大勺子里的豆浆总是刚好一碗。阿婆们则是带着自家的锅盛淡豆浆，家里谁爱喝咸豆浆，谁爱喝甜豆浆，她们最清楚。

买好一天的菜和早点，阿婆们便拎着满满一手的袋子和自家的锅回家了。而忙碌了一早的早点摊也渐渐冷清了许多。这里有着上海人最挑剔的一面，最吵闹的一面，也有着他们最真实的一面。太阳不断上升，上海的早晨结束了。

春天是一首歌

倪千惠

冬日小夜曲伴着雪花音符们离开了大地舞台，接下来登场的就是生机勃勃的春之歌。

春天是一首歌，那徐徐的春风便是它的前奏。春风吹过大地，大地苏醒过来；春风吹过大山，大山换上了绿油油的新衣；春风吹过小溪，小溪欢快地歌唱；春风吹过树苗，小树苗伸了个懒腰，抬头沐浴着阳光；春风吹过小草，小草打了个哈欠，从土中冒了出来……被春风唤醒的小精灵们，在这温暖的春风中舞蹈着。

春天是一首歌，那"润物细无声"的春雨便是这首歌里欢快的吟唱。歌声飞过天空，天空湛蓝得像蓝宝石；歌声飞过干枯的枝丫边，枝头冒出了绿芽；歌声飞过江河，江河加快了前进的步伐……被春雨滋润的小生灵们，伴着雨滴声歌唱着。

春天是一首歌，那百花争艳就是这首歌里的协奏，华丽的乐章。这旋律飘过梨树前，梨树枝上开出了白色的小花，像是树枝间的白色精灵；这旋律飘过桃树枝边，绽放出粉嫩可人的朵朵桃花;这旋律飘过山茶树枝，山茶花仙子们悄悄醒来。蝴蝶蜜蜂们是春天这首歌的舞者，它们伴着花香，有的在空中飞来飞去，似乎犹豫着该光临哪朵花；有的停留在枝头，慢慢扇动着翅膀，舍不得离开……它们用欢快的舞步动情演绎这支春之歌。

春天是一首歌，那明媚的春光是这首歌里的提琴伴奏，悠扬而温暖。春光洒在宁静的湖泊上，湖面波光粼粼，仿佛是一面盛满星星的镜子；春光洒在绿油油的叶子上，叶子亮亮的，像弯弯的月；春光洒在孩子们的眼睛里，里面升起一枚小太阳。

春天是一首歌，人们的欢声笑语是这首歌里的合唱。唱着"春天在哪里呀"的孩子们在花园里、山林间找到了春天；草地上的人们，奔跑着嬉戏着……

糊涂妈妈

张杞宁

我的妈妈做事总是马马虎虎的，姥爷都批评她好多次了，她总是笑嘻嘻地说难得糊涂嘛。

前些天下雨，妈妈把我送到学校后就把我的雨衣落到单位了。

被风吹过的夏天

接下来的几天是晴天，到周一上学又下雨的时候妈妈怎么都找不到我的小雨衣了。没办法，我只好打着她的大雨伞去学校。结果你猜怎么样？后来我的雨衣被她在单位食堂找到了，原来她到那里吃过早餐以后只记得把自己的包包拎走，却忘记了我的雨衣，害得我的雨衣在那里悬挂了若干天等待主人认领。

昨天放学妈妈跟往常一样来接我，一路上我们走着聊着，聊得很开心。走到家门口，她突然惊叫起来，原来我们家门的钥匙被她忘在单位了。这倒还没什么，以前她的钥匙也总忘在单位。可这次让她着急的是，她办公室的门也没有关。更要命的是，妈妈想起来钥匙就挂在柜子门上，而柜子里面有身份证和各种银行卡，还有许多现金哪！

"怎么办呀？"妈妈傻乎乎地问我，可是我也不知道啊。后来妈妈想了会，说是祸躲不过，爱咋地咋地吧。好在姥姥家有我们家的钥匙，至少家是能回了。

没想到更严重的问题还在后面。我跟妈妈回家后她随手就把门咣当关上了，因为爸爸出差没在家，她还很"细心"地把门反锁了一下，后来我们洗完澡就睡觉了。结果你再猜怎么样？半夜我爸爸回来，没费劲儿就把门打开了，原来大门根本就没锁上！爸爸对此哭笑不得，妈妈却对他说：我这已经表现得很好啦，你忘了我那次门虽然锁上，钥匙却还插在外面的锁孔里？

天呀，我的糊涂妈妈真是糊涂的可以！

不过，我的糊涂妈妈也有"例外"的时候。我每天上下学，每门功课的作业，每学期的考试她都了然于胸，接送我从不迟到，作业天天检查，每次考试成绩一一记录在案。对于我的学习她并不指指点点，但心里其实藏着个"小九九"，随时随地可以拿出来翻翻……那个时候她可一点儿都不糊涂呢。

上海滩的巨人

——记东方明珠

陶幸园

提起苏州，人们会想起古典雅致的园林；说到北京，人们会感受"不到长城非好汉"的豪情，而当我们站在上海繁华的街道上，也一定会为那东方明珠塔的雄伟而深深折服。

常有人用"大珠小珠落玉盘"的诗句来形容东方明珠，这实在是再贴切不过了，它坐落在浦东新区陆家嘴，毗邻黄浦江，与外滩隔江相望。你瞧！三根深入地下的擎天柱，有力地支撑起整个东方明珠的重量，十一个大小不同的球体被串联到了一起，有两颗巨大球体尤其引人注目，三根直径为九厘米的钢柱将这两个球体连接到了一起，如此组合让人不得不感叹设计者的丰富的想象力。

不同时间看东方明珠自然也会有不同的体验。

傍晚的时候，站在浦江西岸望东方明珠，你会敬畏它磅礴的气势。是啊！它于1994年竣工，投资总额高达八亿三千万人民币。底层的历史发展陈列馆将老上海的生活场景展现在游人面前，使你被其"十里洋场""车马春秋"等所震撼，让你追海上旧梦，景仰现代历史，品味文化上海。

二百六十七米处的旋转餐厅亚洲最高，一千五百平方米的面积可容纳三百五十位来宾的用餐，得天独厚的景观优势让你在享受不同凡响的饮食文化的同时，还可享受一场美轮美奂的视觉盛宴。位于二百五十九米处有一个悬空观光廊，它有一个美丽的名字叫作"凌霄步道"，当我们踩在那透明玻璃上俯瞰市景，只见那滔滔江水上洒满了五彩灯光，两岸的大厦显得愈发矮小起来，觉得自己仿佛正在云端漫步，"会当凌绝顶，一览众山小"的感觉由心底而生。

不同于晚间的繁华，旭日初升时的东方明珠静静屹立在浦江身旁，金色的阳光为它披上了一层薄纱，它似乎正面向那太阳升起的地方微笑着，昂首挺胸迎接着新的一天，张开双臂拥抱美好的未来。

这就是上海滩的巨人——东方明珠。

春 天 来 了

詹金秀

风轻轻地拂过水面，带动了杨柳的秀发，悄悄地吹过草地，给小草穿上了绿装；雨静静地来到了人间，变成朵朵梨花，变成簇簇桃花，变成串串杏花；燕子飞来了，那剪刀似的尾巴，剪出了春的模样。是啊！春天已经悄无声息地来了。

来到野外，初春的景象已经十分明显了。"乱花渐欲迷人眼，浅草才能没马蹄"，那五颜六色的花，那嫩绿的草，还有那杨柳的秀发，已经为春姑娘梳妆打扮好了。春姑娘多美啊！

"几处早莺争暖树，谁家新燕啄春泥"，因春姑娘的到来，动物们也一同欢喜，它们在豪华的宫室，准备在那里，放开它们的嗓子，赞美这位美丽的春姑娘。因为它们知道"春天不忙，冬天无粮"，它们忙得不亦乐乎。蜜蜂、蝴蝶在为花朵传播花粉，它们辛勤地工作着，无私奉献着，就像那些无私奉献的工作者一样。

　　"一年之计在于春"，农民伯伯当然不会错过这个大好的时机，他们拿着锄头，扛着铁锹，使沉睡的泥土松软，有时还会翻出一些蚯蚓，蚯蚓也在帮忙松土，好心的农民伯伯把庄稼的好伙伴放了，让它们继续工作。地弄好了，又要选种、播种，他们细心地选着，仿佛要选择世上最好的种子。"春雨贵如油"，一场春雨过后，地里都冒出了一个个小芽儿，嫩绿的生命在春天里自由地生长着，春姑娘细心呵护它们，它们充满生机，到处都是生机勃勃的一派美景。

　　春天里充满希望，春天是农民伯伯的希望，也是祖国的希望，而我们这些祖国的花朵就是祖国的春天。现在我们只是一株株无名之花，也许经过春雨的滋润，经过阳光的照耀，经过风雨的洗礼，我们就会成为祖国的栋梁。在这个美好的春天里，让我们好好学习，让我们在学习中成长，让我们在成长中学习。

　　春天载着希望，春天充满生机，春天是一年最美好的时光，我爱春天的生机勃勃，我爱春天的万紫千红，更爱春天载着的希望！

我在书中找到了幸福

倪振强

曾苦苦地寻找过幸福，却不曾想，幸福就在书中，需要我们自己去体会。

——题记

徜徉于书中，才发现，我也很幸福。

在书中，我认识了在时代的洪流中高呼"路曼曼其修远兮，吾将上下而求索"的屈原；认识了"我本楚狂人，凤歌笑孔丘"的李白；认识了"会挽雕弓如满月，西北望，射天狼"的苏轼——我能认识他们，我感到很幸福。

在书中我看到了忧国忧民的杜甫唯愿"安得广厦千万间，大庇天下寒士俱欢颜"；看到了不为五斗米折腰、安贫乐道的陶渊明"采菊东篱下"；看到了政治上受挫的范仲淹立下誓言"先天下之忧而忧，后天下之乐而乐"——在这些精神的感染下，我感到幸福。

在书中，我看到：纵横四海的三国英雄，梁山聚义的水浒好汉，汇聚红楼的才子佳人——他们无一不拨动着我的心弦，那些人物和故事让我感到无比幸福。

在书中，我看到：布恩地亚家的百年孤独、捕鱼老人的不屈、哈姆雷特的复仇、少年维特的烦恼——纵然他们已随时间褪色，但他们陶冶了我的情操，让我感到莫大的幸福。

在长长的历史画卷中，我看到：李煜为我们留下了"问君能有几多愁，恰似一江春水向东流"的亡国哀思；孔子为我们留下了"逝者如斯夫，不舍昼夜"的惜时佳句；孟郊为我们留下了"谁言寸草心，报得三春晖"的无价孝心……

花开花谢，人来人往，人去了，佳作还在，正是这些佳作让他们永存。他们如流星般逝去，但流星划过天空时所留下的轨迹被载入史册。它们流进了我的心里，那暖暖的感觉，我想，应该叫幸福。

哦，幸福，原来你就在书中。

成长的年轮

豆思娆

梦想要如何飞翔，才能收获盛夏的阳光。

我清楚地记得，那是一个美丽的夏天。一周之后，实验中学就要考试了。六年了，我一直都在为它而奋斗，我一直相信，汗水总会汇成希望的形状。梦中，无数次畅游实验中学。每当谈及这些，同伴们总会嘲笑我太自负。但，我坚信，我的未来不是梦。

心狂跳在胸膛，战役只胜一场。

那是一个明媚的早晨，我坐在考场里，面对着试卷上那黑字白纸，不知心里从哪流溢出那么一股子欣喜的激动。随后的等待中，果然是欣喜。我考上了那所理想的学校。我很骄傲，六年的努力终究没有白费，心里是不可名状的兴奋。

伴着电铃急促的响声，大门"嘎吱"开了。我兴奋地找到母亲，向她汇报情况，哪知换来她的沉默。我很是疑惑。

那几日，考试正好结束，我便总是在母亲身边，以便随时听她对我的入学安排。

可母亲依然每天做家务，去上班……好像这件事根本没有发生。我很是不安，但终究没有开口提这件事。那几夜，总是辗转难眠，好像在等着他们对我的宣判。

最终，母亲开口了，我还清楚地记得，她只说了四个字："不去了吧。""为什么？为什么？"我的心顿时在跌进了深谷。我哭了，这无疑是晴空霹雳！我好像一只断了翅膀的小鸟，不能飞翔了。我多想，多想再做一次努力。可我明白，那根本没有用。望着父亲坚决的目光，看到母亲绝情的眼神，任凭那几个字在我口中蹦来蹦去，却始终，没有蹦出来……

就这样，僵持了许久……

昔日视自尊比任何东西都重要的母亲，终于，为了我收起她那可贵的自尊，坐到我的床边。我转过身，眼泪，"哗"地流了下来。背着她，一肚的委屈化成了一串串泪珠夺眶而下。

"妈知道你争强好胜！可咱家没有那么多钱……"借着台灯微弱的光芒，我看到母亲的脸颊上滑过一颗亮晶晶的东西。后来，她说了些什么，我已不记得了，只记得我的身体在微微颤抖……

半夜，我怎么也睡不着，拿了一本书，翻开，却看不进去。父亲现在还没有回家，这几天，见到他，总觉憔悴了许多。

恍惚间，我似乎又看到了父亲为这个家四处奔波的身影；我似乎又听到了母亲为了几元钱与小贩们争执的声音；我似乎又触摸到了父亲那双粗糙、布满老茧的双手……而我，总是用不屑的眼光看待他们，总嫌弃他们的土里土气，总让他们用汗水来满足我的苛求与虚荣心。想到这，泪水又不住地往外流。我怨自己，为什么不能懂事一点？哪怕是一点点的懂事，都会让母亲扔掉那补了又补的鞋。哪怕是一点点的体谅，都会让母亲的心脏病得到好转。哪怕是一点点的理解，都会让在风雨中穿梭的父亲欣慰地笑一笑。

雨后的彩虹，格外绚丽！

我细细品味我的那份纯真的母爱。是的，我爱我的母亲，我坚信，她就是我心中的维纳斯。

感谢那个夏天，第一次，让我学会成长，第一次，把成长的年轮刻在掌心。它激励着我，昂起头，坚持走下去……

"补课一族"的蜕变

赵玉萌

"喂，姐。问你道奥数题。"

"又是那该死的奥数补习班里的题吗？"

"嗯。"

电话那边是表妹死气沉沉的语调，电话这边是早已被题海折磨、被补课摧残的我发出的痛苦的敷衍。是啊，我们也在补课。

曾经，有个朋友在空间发表了这样一句个性签名：一个人在角落里跳着属于自己的孤单芭蕾。

些许伤感，些许梦幻，些许幸运，不是吗？周围人都在补课，只有她例外。你说她幸福，起码不用补课。但一个人，她是孤独的。往常处处都有的嬉闹声，现在恐怕也只能在补课这支乐曲中的前奏部分听到了，但大部分是被题海占领。不错，她后来也加入了"补课一族"，她不再孤独，而是痛苦。

天上那几朵被夕阳染红的云，与我挥泪告别，等下一个天亮，我仍旧去补课。何时能走在充满着乡土气息的路上，去捡拾那遗失的美好，甩甩头发，放声歌唱。

真想与补课挥手告别。然而，我就像一个被缰绳束缚了的小马驹，任凭我怎样挣扎，怎样嘶鸣，却摆脱不了那套缰绳。

我捧着那杯微凉的奶茶，拭去眼角的泪痕，赌气似的猛吸一口，向着天花板，哈出一口气。也许是因为眼中噙满泪水，也许是因为那口弥漫着草莓清香的奶茶气体有意和我开着玩笑。隐隐约约看到，天花板上写着：有一种执着源自信念，有一种信念源自梦想。

我急忙擦干泪水，那字却消失了，消失得无影无踪。

顿时，我豁然开朗。是呵，每个人心中都有一个梦，那梦在云端。只要你能飞上去，就能实现梦想。补课，不就是那缕清风吗？我们，像一株株可爱的蒲公英，只有飞上云端才能活出属于自己的光芒，当我们乘上补课这缕清风时，梦想也就不再那么遥不可及了。

我转身来到院子里，两只蝴蝶轻盈地飞舞着，多么的华丽，多么的动人。我想，如果它们当初不经历成长，没有感受茧的束缚，也许就没有这么美丽动人了。

正如补课，有泪水有欢笑，有悲伤有快乐。坚信，终有一天，"补课一族"会实现完美的蜕变；坚信，我们的未来会像烟花一样绚丽，多姿。那时，我们便会昂首阔步，带着徐志摩的那份浪漫、洒脱，轻轻地捡拾着遗失的美好，甩甩头发，放声歌唱……

爷爷的手

刘玉祥

上学前，我一直和爷爷奶奶生活在乡下，印象最深的是爷爷那双勤劳的手。那时总怕爷爷拿手摸我，那感觉就像刀割一样。那是一双树皮一样的手，那双手掌心像鼓皮一样硬。

春天刚到，爷爷就剪掉多余的苹果花。实际上是用手掐花，将一簇花边缘的花瓣都掐去，留一两朵壮实的。我去掐一朵，就感觉到手很痛了，爷爷要用他那满是茧子的手掐好几天。这之后，爷爷又忙着缩果、套袋。真是闲不下来！

夏天，烈日炎炎，麦地金灿灿的，爷爷在金色的麦浪中舞蹈。他弯着腰，左手将麦子扶住，右手挥舞着镰刀割麦子，然后从割倒的麦子中抽出一些绿一点的麦秆拧成绳，双手不知怎么一弄就将麦子捆起来了，这些动作在一眨眼间就完成了。

秋天，苹果成熟了。收苹果时，爷爷要给他的双手戴上手套，然后开始收苹果。我问爷爷为什么戴手套，爷爷笑着说："苹果和你一样怕爷爷的手。把苹果给划伤了，它也会疼的。"摘下来，爷爷会小心翼翼地放在筐里。两鬓斑白的爷爷，像猴子一样敏捷，一会儿树上一会儿树下。尤其是他在树顶时，身体随着树枝来回地荡，两只手各拿一个苹果，嘴里还叼一个，可一眨眼，他就在树下了。

　　冬天，爷爷去果园剪树，把剪下的树枝拉回家来，用斧头砍碎，当柴烧。下雪的日子，爷爷就坐在火炉旁，把那些用过的苹果套袋，一个一个地抖开、抚平，拍去上面的土。破一点的，他就剪一个纸补丁，用胶水粘一下。弄好的套袋，爷爷要数够一百捆起来，用石头压平整。看着那些被爷爷拧成一团的旧果袋，在爷爷手里像变戏法一样，就变得整整齐齐的了。我好奇地问："爷爷，一个果袋才二分钱啊？""钱虽少，但爷爷已经拾掇了几万袋子了，你算算有多少。"爷爷用他粘满土的手拍拍我的头说，"这要给你攒上大学的钱呢。"唉，爷爷的脏手又将我的头发弄乱了。

　　爷爷是一个出色的果农，他的果园打理得最好。别家的果树秋收时已经没了叶子，腐烂枝多；我家果树叶子还很绿，腐烂枝也少。别人家果园产量总赶不上我们家。这都是爷爷勤劳智慧的成果。爷爷，您的那双手，是一双普普通通的手，却为我们奏响了一曲勤劳的欢歌。